本書は，2001 年 10 月に東海大学出版部より発行された同名書籍
（最終版：2018 年 3 月第 3 刷）を弊社において引き継ぎ出版するものです．

Architecture in Geometry
Group Z
Tokai Education Research Institute, 2022
ISBN978-4-924523-33-3

序

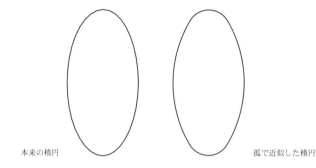

本来の楕円   弧で近似した楕円

本書は図研究会による〈図〉シリーズの第三弾として、建築の「かたち」、および建築の「図学」について書かれたものである。『図1・2』では、おもに建築の表現について述べてきたが、表現される空間のベースには「かたち」があり、またそれらは「図学」に基づいて表現されることになる。そこで本書では、その2つを同時に取り上げて、建築表現の本質にせまるものである。

建築には、柱・梁や床・壁といったソリッドな形が存在する。またソリッドによって囲われ、あるいは削り取られたヴォイドな空間という型もある。それらのものは、数式であらわせば不等式という形式で表され、量塊・領域を意味する。しかしそれら量塊・領域の性質を決めているのは、等式であらわされるエッジや表層という〈図〉であり、そこにこそ建築の「かたち」の本質がある。つまり、建築の「かたち」の問題は、ソリッド・ヴォイドの性質を決定する、エッジや表層という境界の図像性に帰結することができ、その点にこそ設計者の概念が投影されているといえる。

■建築のかたち
建築の図面は、縮尺をもって描かれていることがほとんどだ。そのため、縮小された図面に表現された「かたち」は、現場で実寸に再現されなければならない。エスキース段階ではフリーハンドや楕円、その他の曲線を用いても、図面にするときに、作図性や現場での再現性を考えて、直線や円弧の連続に置き換えていることが多い。せっかくの設計意図が、その置き換えによって希薄になってしまう。

しかし、数式によって描ける形であれば、直線や円に置き換えなくても、縮尺に関係なく再現することが可能だ。コンピュータが普及したために、今まで定規・コンパスやギヤを駆使した製図機などではあつかえなかった曲線や曲面が、数式を基にして積分的に描け、場合によっては直接製作されるようになった。以前にはあきらめていた「かたち」を、設計のエレメントとして使えるのだ。
本書では、建築に使われる「かたち」に着目して、それらがどのような数式で描かれるかを提示している。

■かたちの数式
「かたち」をあらわす数式には、いくつかの形式がある。
X-Y あるいは X-Y-Z 座標を元に考えられる「かたち」には、
関数式 $y=f(x)$ や $z=f(x,y)$
標準式 $a=f(x,y)$ や $a=f(x,y,z)$
パラメータ式 $x=f(t), y=f(t)$ や $x=f(u,v), y=f(u,v), z=f(u,v)$
などがある。また極座標を元に考える「かたち」では、
極座標式 $r=f(\theta)$ や $r=f(\theta,\phi)$
になる。
移項等によってどの形式でも書けないことはないのだが、変数の取りうる値に制限がある場合などは、関数式やパラメータ式によって式自体に制限をとりこんでしまっている場合が多い。変数に制限があるのは、閉じた（円や球のような）「かたち」だったり不連続な（双曲線や一葉双曲面のような）「かたち」である。

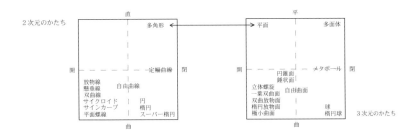

展開性	単曲面	複曲面			
線織性	単線織面		複線織面	線織性無し	
ガウスの曲率	0	−	−	−	+
曲面の種類	円錐面	錐状面 常螺線面	一葉双曲面 双曲放物面	カテノイド Scherk Enneper	球面 楕円球面 楕円放物面

■かたちの分類

数式によって「かたち」をとらえると、変数 {x,y} によって平面上に描かれる2次元のものと、変数 {x,y,z} によって空間内に描かれる3次元のものに、大きく分けることができる。

2次元の「かたち」は平面上に描かれるので、それ単体で建築を構成することは無く、そのかたちの推動・回転や、繰り返し・組み合わせによって、建築の「かたち」となっている。

他方、3次元の「かたち」は切断や投影によって2次元の「かたち」があらわれる。多面体では多角形が、球では円が、円錐面では円・楕円・放物線・双曲線が現れる。また名前に楕円と付く面では楕円（円を含む）が、同様に放物は放物線、懸垂は懸垂線、双曲は双曲線が、また円柱螺線ではサインカーブが、円錐螺線では螺線があらわれてくる。

このように建築の「かたち」としては数式の次元に関係なく3次元の「かたち」なのだが、本書では3次元の数式として簡単にあつかえるもの、あるいは3次元の数式としてあつかわないと意味のないものは3次元に分類し3次元の数式としてあつかうと複雑になってしまうものは、分解して2次元に分類した。

「かたち」は他にも、線か面か、真直ぐか曲がっているか、開いているか閉じているかなど、さらに面だけに限れば、展開できるかどうか、線織性があるかどうか、ガウス曲率の符号などによって分類できる。

展開可能な曲面を単曲面、展開できない曲面を複曲面という。また線織性は、直線の推動・回転・捩れなどの移動によって作られる曲面かどうかを示し、1本の直線による線織性がある単線織面、2本の直線による線織性がある複線織面と、線織性の無い面に分類する。なお、複線織面と線織性のない曲面は複曲面だが、単線織面には単曲面と複曲面がある。

ガウス曲率は曲面の2つの主曲率の積で、曲面が一方向にのみ反っていれば（椀形）ガウス曲率は＋に、両方向に反っていれば（鞍形）ガウス曲率は−になる。単曲面は主曲率の1つが0（接平面上の直線）になるため、ガウス曲率は0となる。

■かたちの意味

線織性のある「かたち」は、その製作において直線を用いる可能性を示している。たとえばフェリックス・キャンデラはRCシェルの建築家だが、シェルの「かたち」に多用した双曲放物面の線織性を利用して真直ぐな板材で型枠を作っている。

またシドニー・オペラハウスは、さまざまなシェル形状の屋根を同一の球面から切り出すことで、PC版のユニット化をはかって工事費を押さえ、完成にこぎつけた。

このように数式によって描ける「かたち」は、意匠的なだけでなく、構造や工法的な意味を持っているものが多いが、それらの意味にも言及し、かたちに対する理解を深められるようにした。

■建築の図学

立体図形を2次元にあらわす部分では、かなりコンピュータにまかせることができるようになってきたが、このように多くの「かたち」をあつかうためにも、また2次元にあらわされた複数の図から、複雑な立体をイメージするためにも、図学の重要性は増している。同時に、コンピュータの能力を生かして多くの「かたち」をあつかうわけだから、コンピュータに対応した図学を考える必要もあるだろう。

そのあたりも考慮して、本書では今までの図学を参考にしつつ、新しい図学に踏みこんで書かれている。このことは「かたち」をあつかうために不可欠な空間感覚を養うことにもつながっている。

図 3 − 1
建築の 2 次元図形

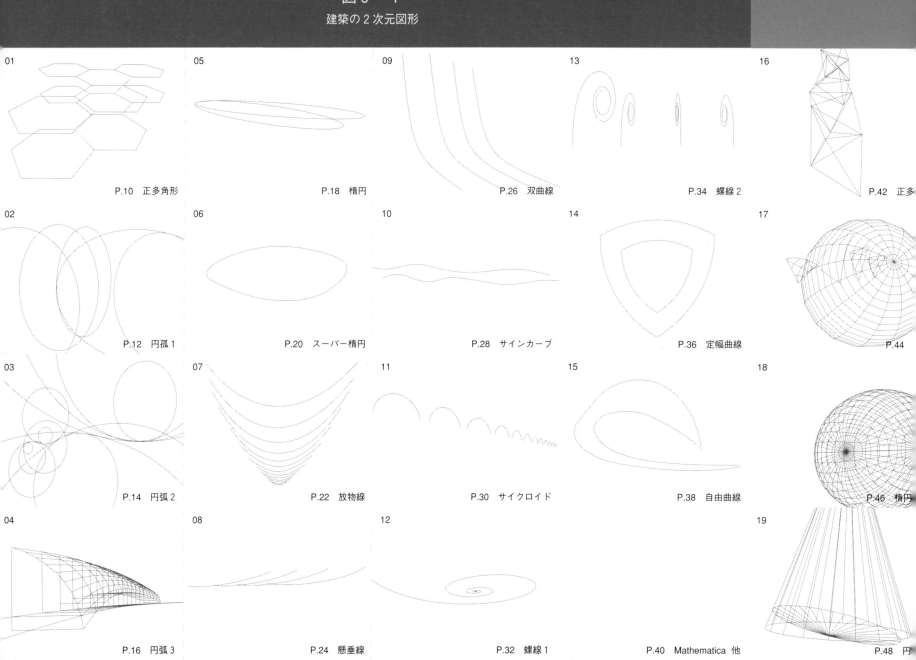

01　　P.10　正多角形

02　　P.12　円弧 1

03　　P.14　円弧 2

04　　P.16　円弧 3

05　　P.18　楕円

06　　P.20　スーパー楕円

07　　P.22　放物線

08　　P.24　懸垂線

09　　P.26　双曲線

10　　P.28　サインカーブ

11　　P.30　サイクロイド

12　　P.32　螺線 1

13　　P.34　螺線 2

14　　P.36　定幅曲線

15　　P.38　自由曲線

　　　P.40　Mathematica 他

16　　P.42　正多

17　　P.44

18　　P.46　楕円

19　　P.48　円

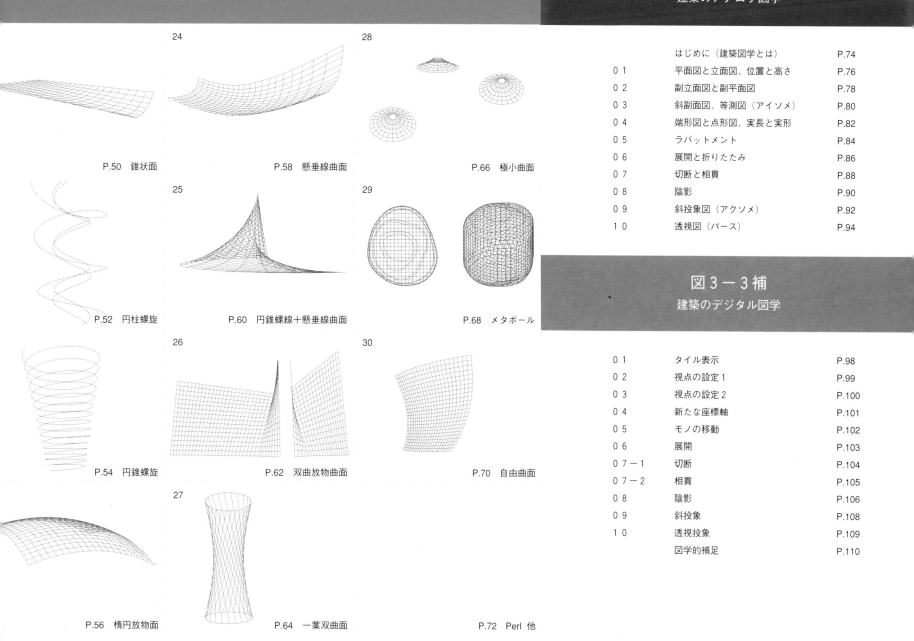

図3-2
建築の3次元図形

24
P.50　錐状面

25
P.58　懸垂線曲面

28
P.66　極小曲面

P.52　円柱螺旋

P.60　円錐螺線＋懸垂線曲面

29
P.68　メタボール

26
P.54　円錐螺旋

P.62　双曲放物曲面

30
P.70　自由曲面

27
P.56　楕円放物面

P.64　一葉双曲面

P.72　Perl 他

図3-3
建築のアナログ図学

	はじめに（建築図学とは）	P.74
0 1	平面図と立面図、位置と高さ	P.76
0 2	副立面図と副平面図	P.78
0 3	斜副面図、等測図（アイソメ）	P.80
0 4	端形図と点形図、実長と実形	P.82
0 5	ラバットメント	P.84
0 6	展開と折りたたみ	P.86
0 7	切断と相貫	P.88
0 8	陰影	P.90
0 9	斜投象図（アクソメ）	P.92
1 0	透視図（パース）	P.94

図3-3補
建築のデジタル図学

0 1	タイル表示	P.98
0 2	視点の設定1	P.99
0 3	視点の設定2	P.100
0 4	新たな座標軸	P.101
0 5	モノの移動	P.102
0 6	展開	P.103
0 7 - 1	切断	P.104
0 7 - 2	相貫	P.105
0 8	陰影	P.106
0 9	斜投象	P.108
1 0	透視投象	P.109
	図学的補足	P.110

図 3 － 1

建築の 2 次元図形

正多角形

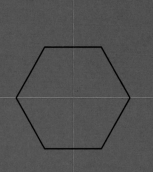

polygon

ex. Hexagon

$$y = \pm a \cdot \sqrt{3}, \; (-1 \leq x \leq 1)$$

$$y = \pm a \cdot \sqrt{3} \cdot (2 - x), \; (1 < x \leq 2)$$

$$y = \pm a \cdot \sqrt{3} \cdot (2 + x), \; (-2 \leq x < -1)$$

正多角形は、その特徴から部材の共通化、ユニット化が容易だ。正三角形・正方形・正六角形は、平面を埋め尽くせ、正五角形は菱形との組み合わせで、平面を埋め尽くすことができるので、連続させることで多様性を創り出せる。

NUMBER76
池辺陽　1965　東京都

A：分子構造モデル（ベンゼン）
B：NUMBER76　平面図
C：蜂の巣
D：ナットと座金
E：花弁

10

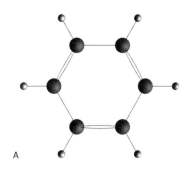

A

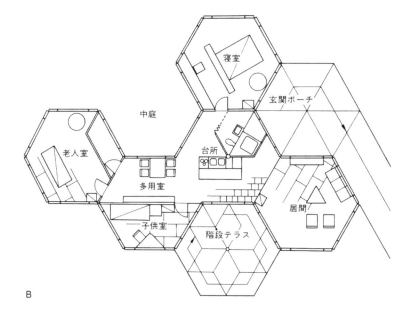

B

C

D

E

円弧 1

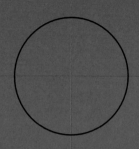

$$x = a \cdot \cos(u)$$
$$y = b \cdot \sin(u)$$
$$z = c \cdot v$$

中心が同じ円弧（同心円弧）であ
れば、必ずその間隔（幅）は一定
になるので、建築的には使いやす
い形態といえる。
円を、描かれた平面と直交する方
向に引き伸ばすと、円柱が得られ
る。

八代市立博物館
伊東豊雄　1991　熊本県

A：蛍光灯
B：釘
C：八代市立博物館　立面図

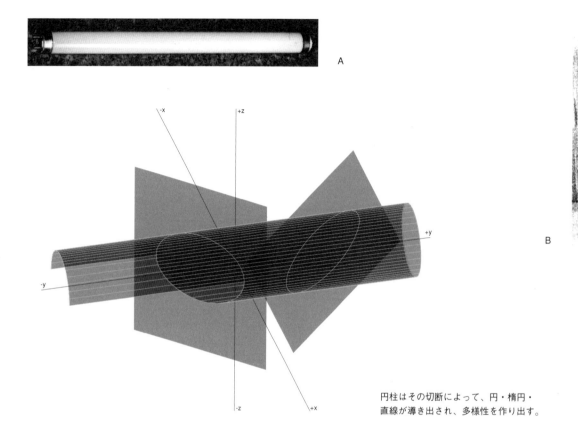

円柱はその切断によって、円・楕円・
直線が導き出され、多様性を作り出す。

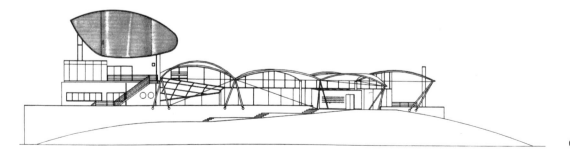

C

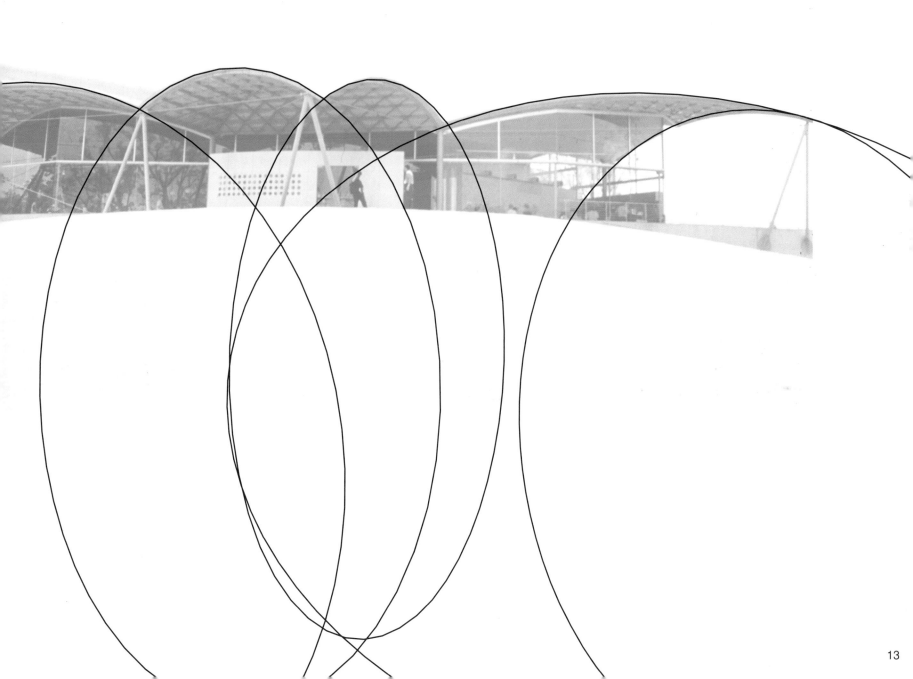

円弧 2

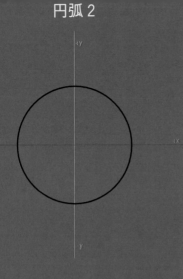

$$\gamma = \alpha$$

流れるような曲線を、処理のしやすさから孤の連続に置き換えて扱うことがある。隣り合う弧は、双方の中心線を結んだ直線上でつなぐと、滑らかに連続する。しかし注意深く孤を選ばないと、曲率の違いが見えてしまう。

関西国際空港
レンゾ・ピアノ＋岡部憲明　１９９４　大阪

A：関西国際空港　断面図
B：パンチングメタル
C：虹

A

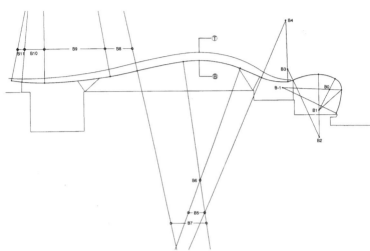

MTBトラスの下弦材とウィングリブの基準曲線

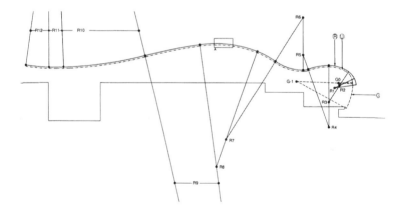

上の図では12個の、下の図では11個の円弧の連続によって、流れるような曲線が表現されている。

B

C

©細川和昭

15

円弧 3

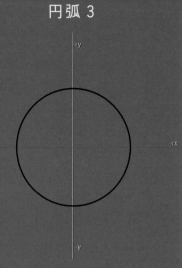

$$x = a \cdot \cos(t)$$
$$y = a \cdot \sin(t)$$

円は単純な曲線だが、立体的に合成すると、曲面を生成することもできる。球・楕円球・円柱・円錐面など回転体が作る曲面のほか、組み合わせかたしだいで複雑な3次曲面もできる。

下諏訪町立諏訪湖博物館・赤彦記念館
伊東豊雄　1993　長野県

A：波紋
B：ハードディスク
C：下諏訪町立諏訪湖博物館・赤彦記念館
　　アクソメ図

A

B

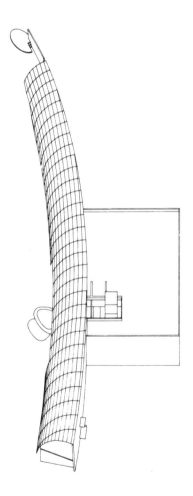

C

平面と断面の双方に円弧をその合成として3次曲面の生成して、ダイナミックな覆いとしている。

楕円

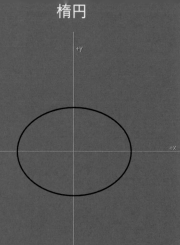

$$\left(\frac{x}{a}\right)^2 + \left(\frac{y}{b}\right)^2 = 1$$

2点（焦点）からの距離の和が等しい図形。建築的には、円を引き伸ばした、あるいは押しつぶした形としてのほうが理解しやすい。方向性があるため、円では納まらない所や、円では満たせない場所で、なめらかな閉曲線を得ることができる。

なら100年会館
磯崎新　1998　奈良県

A：なら100年会館　平面図
B：惑星・彗星の軌道
C：カンピドリオ広場

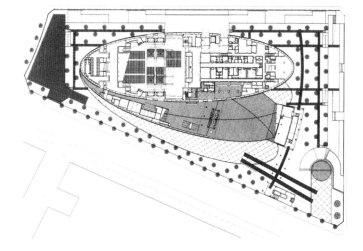

A

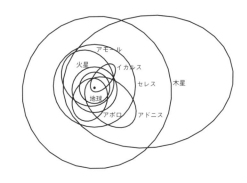

B

C

スーパー楕円

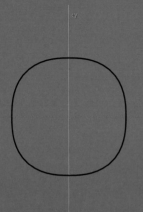

u=2.5

$$\left(\frac{x}{a}\right)^{u} + \left(\frac{y}{b}\right)^{u} = 1$$

楕円と長方形の中間的形態で、乗数 u の値によって、角の張り出す程度が変わる。
$u=1$ で菱形、 $u=2$ で楕円、 $u=\infty$ で四角形だが、 $u=2.5$ では、中間的でバランスのとれた丸みとなり、よく使われる。

東京ドーム
日建設計十竹中工務店　１９８８　東京都

A：東京ドーム　屋根伏図
B：テーブル
　　（B-table　ビート・ハイン）

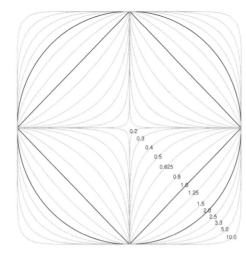

0.2
0.3
0.4
0.5
0.625
1.0
1.25
1.5
2.0
2.5
3.3
5.0
10:0

u の違いによる曲率の変化

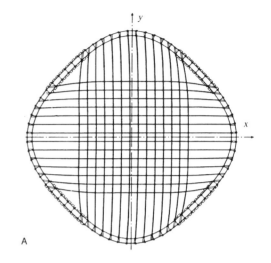

A

B

20

放物線

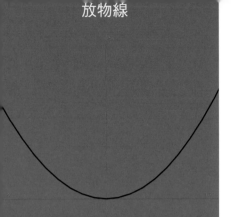

$$y = a \cdot x^2$$

等分布荷重に対して、すべての力を軸方向に流して、曲げモーメントを生じない形。この特徴を生かして、アーチや吊りケーブルなどとして、建築でもよく登場する。

東京国際フォーラム
ラファエル・ヴィニオリ　1996　東京

A：東京国際フォーラム　構造図
B：吊橋（東京港連絡橋）

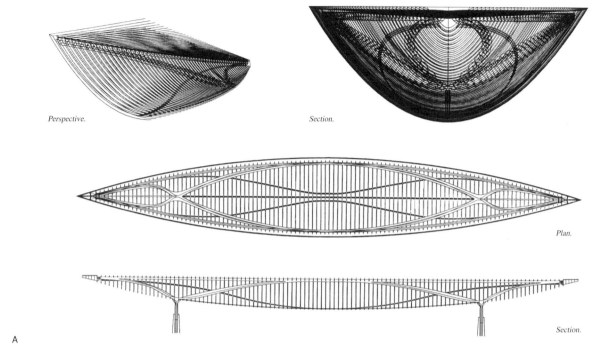

Perspective.

Section.

Plan.

Section.

A

B

懸垂線

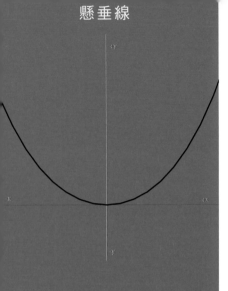

$$y = a \cdot \cosh\left(\frac{x}{a}\right)$$

放物線より少し外に膨らんだ感じ
の曲線で、曲げ抵抗のないロープ
状のものに、自重のみによる引張
力が働いて、自然につりあった形
としてあらわれる。そのため建築
的には、屋根自身や、屋根と一体
化したケーブルや梁のかたちとし
て使用される。

幕張メッセ新展示場・北ホール
槇文彦　１９９７　千葉県

A：幕張メッセ新展示場・北ホール
　　立面図・断面図
B：チェーン
C：電線

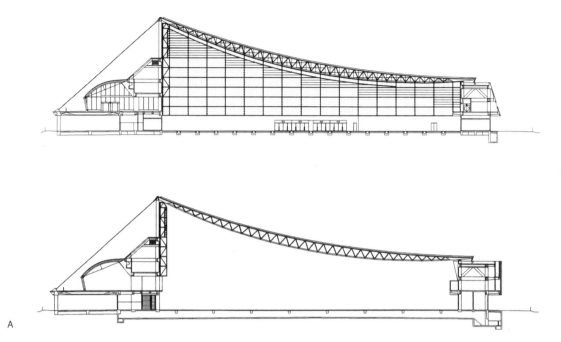

A

B

C

双曲線

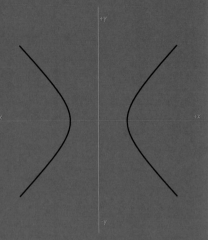

$$\left(\frac{x}{a}\right)^2 - \left(\frac{y}{b}\right)^2 = 1$$

上から下に向って比例的に大きく
なる荷重に対して、合理的に抵抗
する曲線なので、ダムや石垣の断
面形状として使用される。
また、同心楕円に直行する線でも
あり、円に対する放射線のように
楕円を切りわけることができる。

石垣（代々木体育館わき）
1964　東京

A：角隙間の水の迫り上がり
B：水道橋（通潤橋　卯助、卯市、丈八）

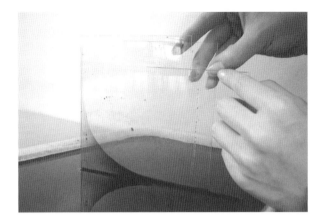

A

B

石垣としての双曲線のほか、
円弧のアーチ、噴出す水が
描く放物線が見られる。

27

サインカーブ

$$y = b \cdot sin\left(\frac{x}{a}\right)$$

等速回転運動の時間と振幅を縦・
横軸にとって得られる、波型を呈
する典型的な曲線。建築では、螺
線階段の立面図としておなじみ。
自然界に存在する曲線で、弦の振
動や、魚やヘビの前進運動として
もあらわれる。

クラコフ日本美術技術センター
磯崎新　1994　ポーランド

A：ヘビの運動モデル
B：クラコフ日本美術技術センター　立面図

A

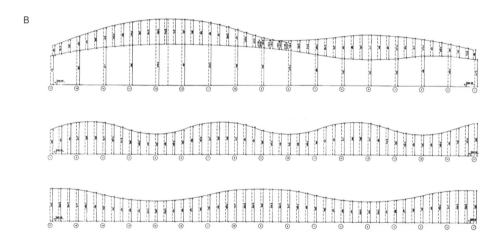

B

周期の違うサインカー
ブや他のS字曲線を重ね
合わせることで、ねじ
れを作りだし、複雑で
魅惑的な屋根の曲線を
提案している。

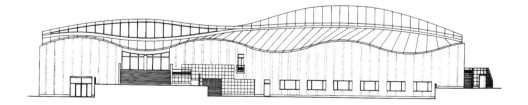

サイクロイド

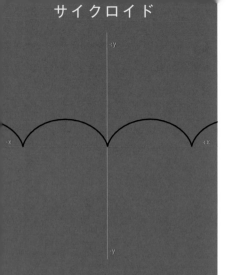

$$x = a \cdot \left(u - \sin(u)\right)$$
$$y = a \cdot \left(1 - \cos(u)\right)$$

円が直線上を転がるとき、円周上
の一点がたどる軌跡として描かれ
る曲線。
この形をヴォールトシェルに用い
ると、垂直応力度が一様分布にな
り、引張力は縁梁に集中する。

キンベル美術館
ルイス・カーン　1972　アメリカ

A：等時曲線モデル
B：キンベル美術館　断面図

30

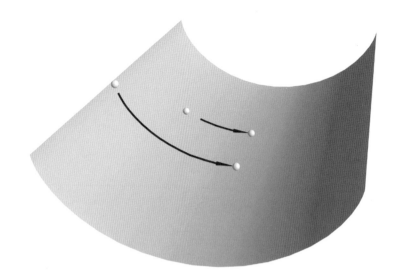

A

どこから転がしても、
玉が最下部に達するま
での時間は等しい。

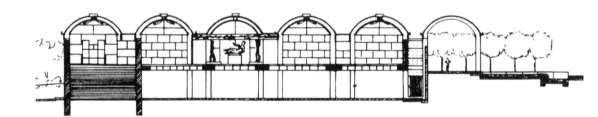

B

シェル屋根と壁の間、シェル屋根の
頂部にスリットがあけられ、外光が
取り入れられているが、サイクロイ
ドの平たいカーブに光がまわって、
印象的な空間が作り出されている。

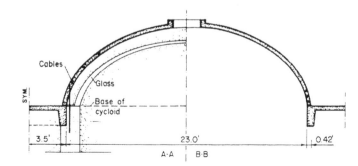

螺旋 1

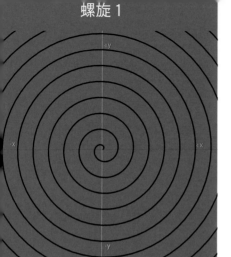

$$r = a\theta^n \qquad \text{代数螺線}$$

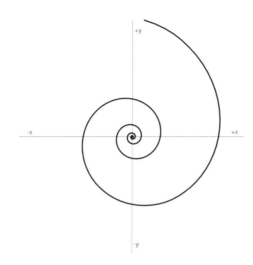

対数螺線 $\qquad r = a^\theta$

曲率が連続的に変化して、渦を巻くような曲線を螺線という。等差的な代数螺線、等比的な対数螺線が代表的だ。対数螺線は成長曲線とも呼ばれ、メタファーとして使われる。また視線を隠しながら誘導する動線として、楽しい空間を作る。

音楽シティー館
クリスチャン・ド・ポルザンパルク
1995　フランス

A：素粒子の飛跡
B：巻貝
C：釘の束
D：柱頭（M2：隈研吾）

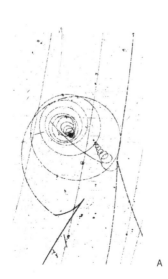

A

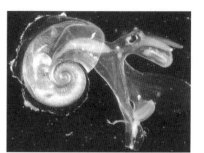

B

C

D

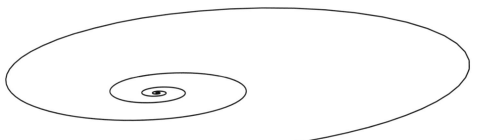

螺旋2

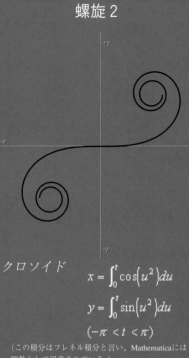

A

 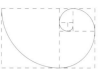

黄金螺旋は、黄金比で大きくなる1/4円の連続で螺線に近似した曲線。

クロソイド

$$x = \int_0^t \cos\left(u^2\right)du$$

$$y = \int_0^t \sin\left(u^2\right)du$$

$$(-\pi < t < \pi)$$

（この積分はフレネル積分と言い、Mathematicaには関数として用意されている。）

$$FresnelC(t) = \int_0^t \cos\left(\pi \cdot u^2 / 2\right)du$$

代数螺線・対数螺線の他にも、放物螺線、双曲螺線、インボリュートなど、さまざまな螺旋を描く曲線がある。クロソイド（コルニュの螺線）は、曲率が道程に比例する、道路の曲率として使われる螺線で、原点で反転して点対称となる。

なら100年会館
磯崎新　1998　奈良県

A：雌蕊
B：マンデルブロ集合
C：なら100年会館　立面図

B

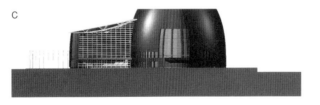

C

設計者はこの建物の壁面に、地上レベルでは垂直で、上部に向かって内側にカーブした断面を必要としたが、クロソイドはその意図に合致した形状をしている。

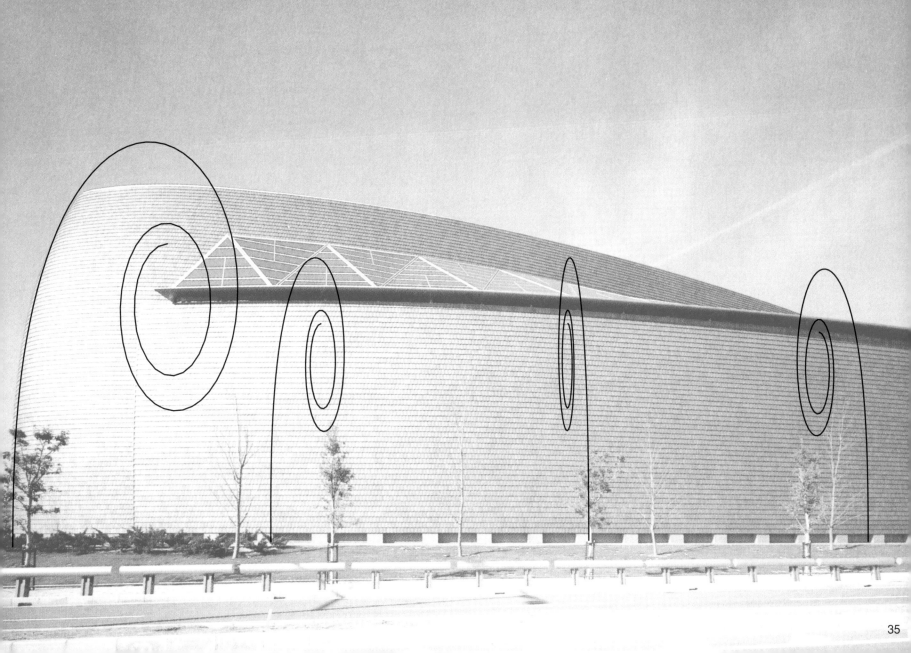

定幅曲線

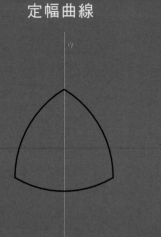

$$x = \cos(t) + \alpha$$
$$y = \sin(t) + \beta$$

$0 \leq t < \dfrac{\pi}{3}$ のとき $\left(\alpha = -\dfrac{1}{2}, \beta = -\dfrac{\sqrt{3}}{6}\right)$

$\dfrac{2\pi}{3} \leq t < \pi$ のとき $\left(\alpha = \dfrac{1}{2}, \beta = -\dfrac{\sqrt{3}}{6}\right)$

$\dfrac{4\pi}{3} \leq t < \dfrac{5\pi}{3}$ のとき $\left(\alpha = 0, \beta = \dfrac{\sqrt{3}}{3}\right)$

奇数角の正多角形の角辺を、対頂点を中心とした弧に置き換えた図形。円のように一定の幅の中で回転が可能という特徴から、定幅曲線とよばれる。特に正三角形から作られたものは、ルーローの三角形として知られている。

コルセローラ・タワー
ノーマン・フォスター　1992　スペイン

A：SCISSUNIT計画（池辺陽）
　　平面図
B：テーブル（ロコ　小宮功）
C：コルセローラ・タワー　平面図
D：ガムシロップパック　E：コイン

A

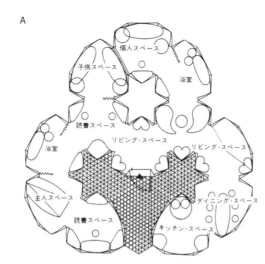

ユニット化の利点を最大限に生かすため、運搬を考慮して定幅曲線が使われた。

B

© 田中宏明

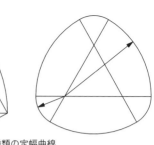

2種類の定幅曲線

C

D

7角形の定幅曲線
自販機で使える。

E

36

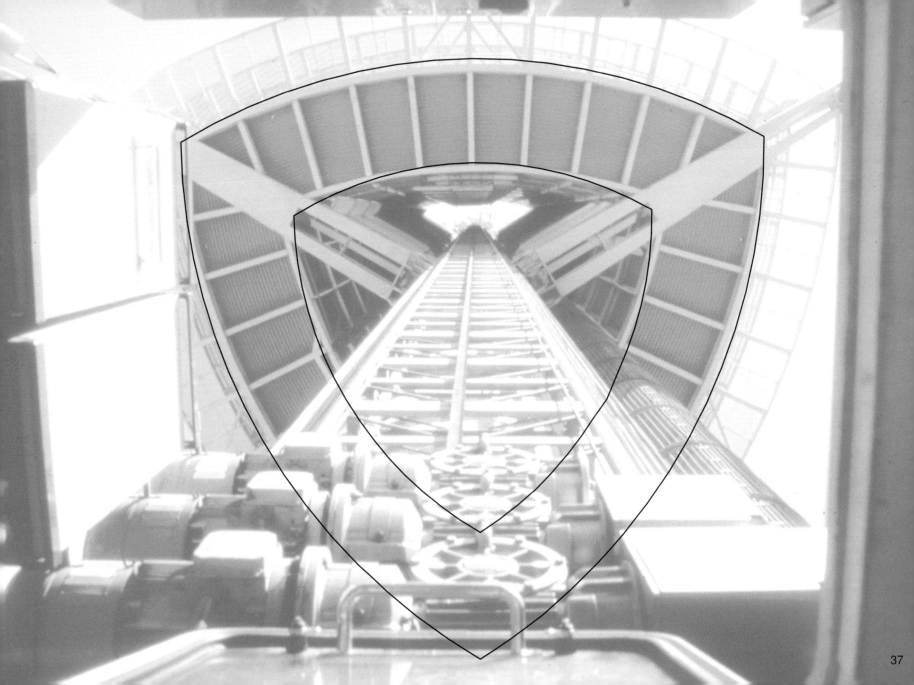

自由曲線

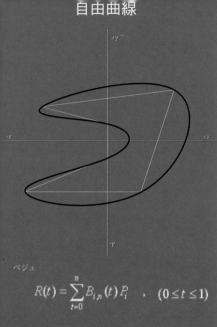

ベジェ

$$R(t) = \sum_{t=0}^{n} B_{i,n}(t) P_i \quad , \quad (0 \leq t \leq 1)$$

B - スプライン

$$R(t) = \sum_{t=0}^{n} N_{i,p}(t) P_i \quad , \quad (0 \leq t \leq 1)$$

複数の制御点から、その点あるいはその点の近くを通るように、数式で発生させた曲線で、制御点の位置や重み付けを変えることによって形状を操れる。ベジェ、B—スプライン、有理ベジェなどの種類がある。

牧野富太郎記念館
内藤廣　1999　高知県

A：雲形定規

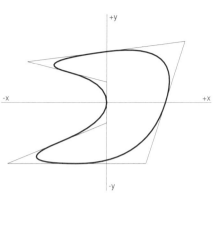

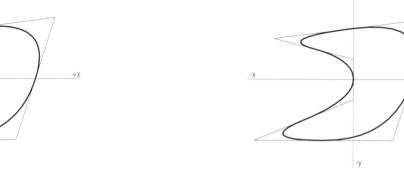

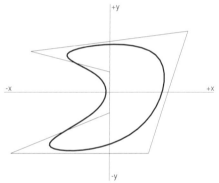

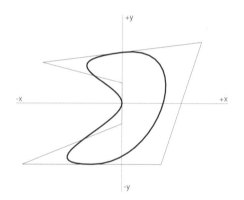

A

Ｍathematicaというソフト

建築ではあまり使われないが、数学や科学技術の分野ではとても重宝がられている「Ｍathematica」というソフトがある。複雑な計算をし、それを絵にまでしてくれるソフトだ。数式になる曲線や曲面なら、ほとんど作図可能だといって良い。

ここにあげられた数式も、a，b，c，d，といった係数を適当な数値に変えて入力し、変数の範囲を適宜設定してやれば、すぐに図を作成してくれる。気を付けるのは、数式の形によって、標準式なら ImplisitPlot []、関数式なら Plot []、Plot3D []、パラメータ式なら ParametricPlot []、ParametricPlot3D []、極座標式なら PolarPlot []などと、描画命令を使いわける必要があることくらいだろうか。正多面体やスプラインの関数もそろっている。

Ｍathematicaは、商用ソフトだが、フリーウェアでも数式を描画してくれるソフトがある。Ｍathematicaほどの自由度はないが、工夫すればかなり使えるものもある。

Equation Builder（MS-Windows）

２次元の図形を描くソフトで、関数型、極座標型、パラメータ型の式が扱え、変数の範囲も指定できるので、かなり使える。ここにある２次元図形の大半が描画可能だ。また、a，b、2つの係数が増減できたり、複数の式を同時に表示できるので、比較検討にも有効だ。
Sample
式１：(x/a)^2
式２：bcosh(x/b)-b

Func3DMesh（MS-Windows）

３次元の図形を描くソフト。式は関数式しか入力できないので、その他の形の式は変形が必要だ。また、０による除算やマイナスの平方根ではエラーになるので、計算範囲を慎重に設定する必要がある。しかし描画能力は高く、メッシュ、等高線などの表示のほか、半透明の面としても表示してくれるし、回転アニメもできる。
Sample
式：y*sin(acos(x))

Grapher（MacOS）

ＯＳ標準搭載のソフトなので、Ｍacユーザーの方は、一度はご覧になったことがあるだろう。２次元・３次元とも表示可能で、係数を変化させたアニメ表示ができる。３次元は回転させて見せることも可能だ。
基本的には関数型の式の入力だが、２次元では不等式を使うことで標準型や極座標型が扱える。また式の移項ができるので、式の変形もしやすい。
Sample
式１：(x^2+y^2)^2-2e(x^2-y^2)<n/10 -70<n<200
式２：z=sqrt(x^2+y^2+n/10) -20<n<20

数式曲線・曲面のＣＡＤ化

いろいろソフトを紹介したが、残念ながらこれらのソフトは、そのまま図面にできる、あるいは図面作成ソフトにデータを受け渡しできるものではない。そのためにはそれなりの工夫が必要だ。Ｍathematicaでは、作図したデータを座標としても表示できるので、それを図面作成ソフトに持ちこむことが可能だろう。

また図面作成ソフトでも、一般的な線なら作成できるものが多い。正多角形・円弧・楕円はもちろん、放物線・サインカーブなどは普通に作成できるし、スプライン曲線が描けるものもある。ＡｕｔｏＣＡＤのように、プログラミング可能な図面作成ソフトなら、プログラムすることで数式になる曲線はすべて作図できる。

モデリングソフトも、さまざまな曲面・立体が作成できる。正多角形・球・楕円球・円柱・円錐はほとんどのモデリングソフトで作成できるし、螺旋階段作成機能のようなものがあれば、円柱螺線・円錐螺線・常螺線面も作成できるだろう。ＮＵＲＢＳに対応したソフトも多くなってきているように思う。

メッシュで近似できる曲面なら、表計算ソフトも利用できる。下のように、計算式で表を作れば良い。この結果をＣＳＶファイルにしてＤＸＦファイルへ変換すれば、効率も上がるだろう。

Sample
式：z＝x＾2－y＾2

Y\X	-1	-0.8	-0.6	-0.4	-0.2	0	0.2	0.4	0.6	0.8	1
-1	0	-0.36	-0.64	-0.84	-0.96	-1	-0.96	-0.84	-0.64	-0.36	0
-0.8	0.36	0	-0.28	-0.48	-0.6	-0.64	-0.6	-0.48	-0.28	0	0.36
-0.6	0.64	0.28	0	-0.2	-0.32	-0.36	-0.32	-0.2	0	0.28	0.64
-0.4	0.84	0.48	0.2	0	-0.12	-0.16	-0.12	0	0.2	0.48	0.84
-0.2	0.96	0.6	0.32	0.12	0	-0.04	0	0.12	0.32	0.6	0.96
0	1	0.64	0.36	0.16	0.04	0	0.04	0.16	0.36	0.64	1
0.2	0.96	0.6	0.32	0.12	0	-0.04	0	0.12	0.32	0.6	0.96
0.4	0.84	0.48	0.2	0	-0.12	-0.16	-0.12	0	0.2	0.48	0.84
0.6	0.64	0.28	0	-0.2	-0.32	-0.36	-0.32	-0.2	0	0.28	0.64
0.8	0.36	0	-0.28	-0.48	-0.6	-0.64	-0.6	-0.48	-0.28	0	0.36
1	0	-0.36	-0.64	-0.84	-0.96	-1	-0.96	-0.84	-0.64	-0.36	0

Ｍathematicaは、WOLFRAM RESEARCH社から発売されている。
http://www.wolfram.com/

Equation Builderは、Ryuuji Yosimoto氏の著作物。
http://www.takenet.or.jp/~ryuuji/

Func3DMesh（FU3DM）は、敏雪（としゆき）氏の著作物。
http://www.nifty.com/

図 3 ー 2

建築の 3 次元図形

正多面体

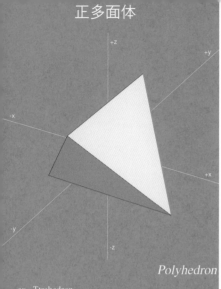

Polyhedron

ex. Ttrahedron

$$\begin{vmatrix} 1 & 1 & 1 \\ 1 & -1 & -1 \\ -1 & 1 & -1 \\ -1 & -1 & 1 \end{vmatrix}$$

１種類の正多角形のみによって作られた立体で、５種類ある。すべての頂点・すべての辺やすべての面が、みな同じ条件にあるため、少し回転するとすぐ元と同じ姿になり、ジオデシックドームのベースにしかならないようにも見えるが、組合せることで多様性を作ることができる。

水戸芸術館・シンボルタワー
磯崎新　１９９０　茨城県

A：アデノウィルス
B：Ｃ60フラーレン（分子構造）
C：ジオデシックドーム
　　（パワー精密茨城工場：新妻欣美）

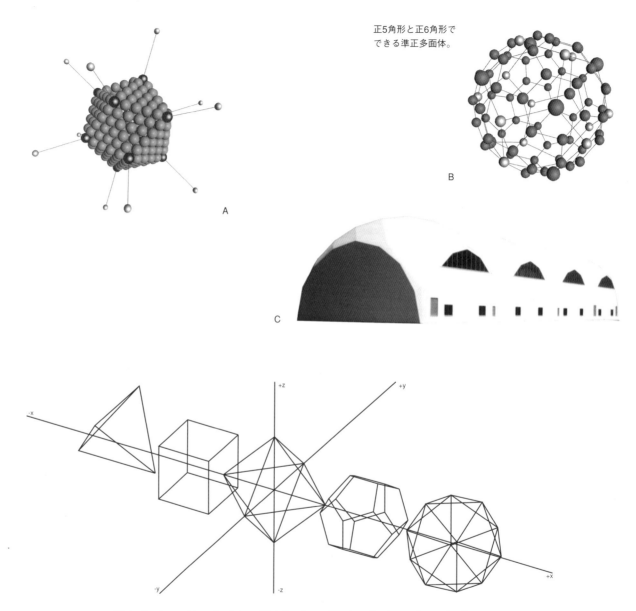

正5角形と正6角形でできる準正多面体。

A

B

C

Tetrahedron , Hexahedron , Octohedron , Dodeoahedron , Iaooahedron

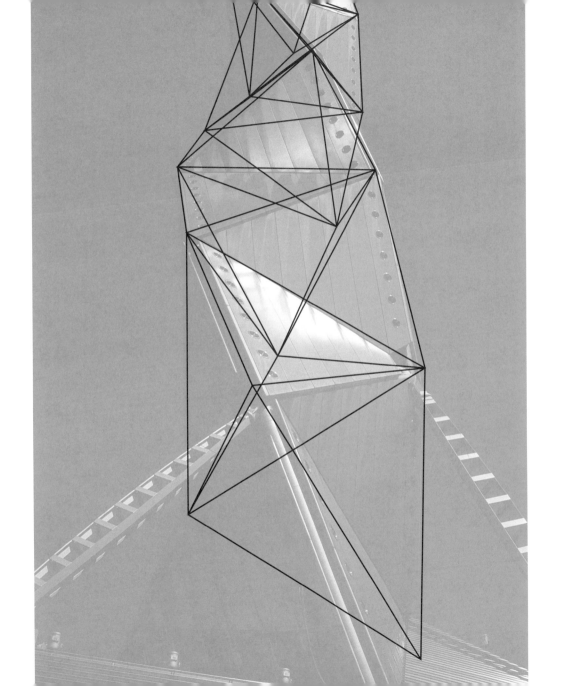

球面

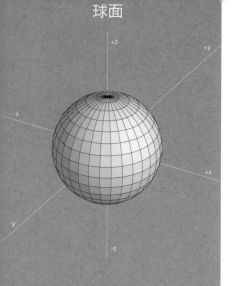

$$x = a \cdot \sin(v) \cdot \cos(u)$$
$$y = b \cdot \sin(v) \cdot \sin(u)$$
$$z = c \cdot \cos(v)$$

球面も円弧と同様に、同心球であ
ればその間隔（幅）は一定になる。
また1つの球は、どの部分でも曲
率が一定な、単純な曲面といえる。

シドニーオペラハウス
オーブ・アラップ・アンド・パートナーズ
＋ヨルン・ウッツォン
1973　オーストラリア

A：マウスの玉
B：ボールベアリング
C：同心球からの切取りモデル
D：シドニーオペラハウス　立面図

44

A

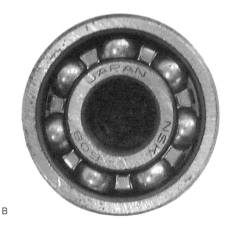

B

C

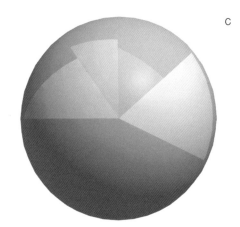

この設計者は、球面の切取り方とその配置・角度の違いによって、コンペ案の優美さを
失わずに、かつ実施可能な設計を行った。またすべてのパーツを同径としたことで、球
面を作るパーツの規格化ができ、施工性・経済性を高めている。

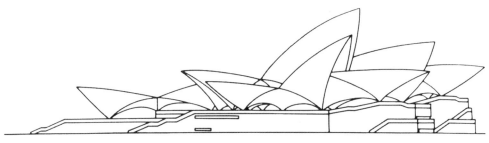

D

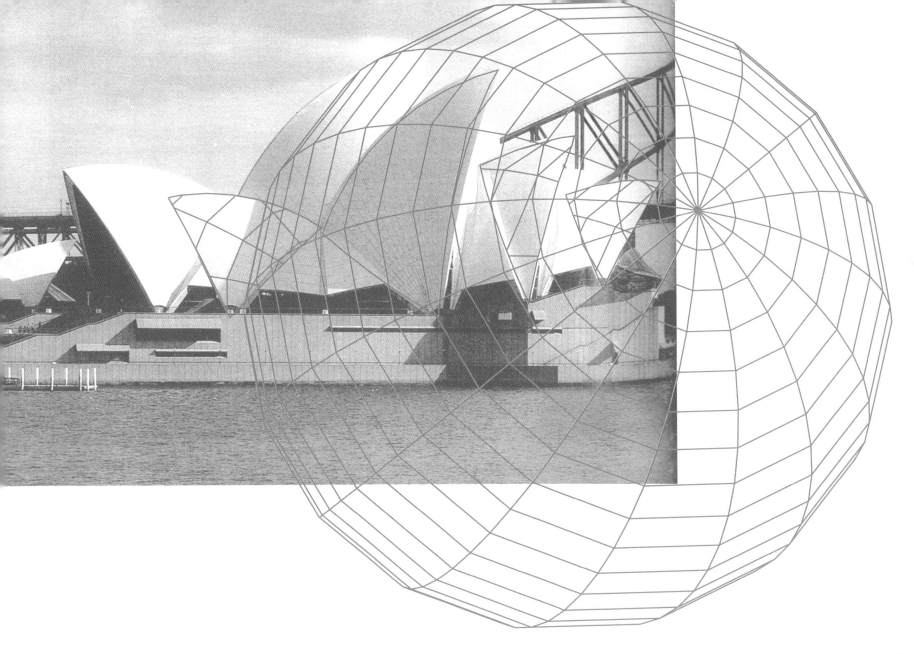

楕円球面

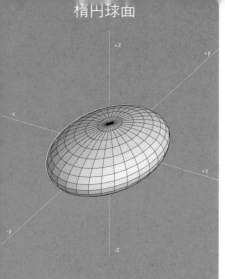

$$x = a \cdot \sin(v) \cdot \cos(u)$$
$$y = b \cdot \sin(v) \cdot \sin(u)$$
$$z = c \cdot \cos(v)$$

楕円を長軸あるいは短軸の周囲に
回転させて得られる曲面。また、
球を引き伸ばすように変形するこ
とでも生成できる。

那須野ヶ原ハーモニーホール
早草睦恵十仲條順一　1994　栃木県

A：ラグビーボール
B：那須野ヶ原ハーモニーホール
　立面図・断面図

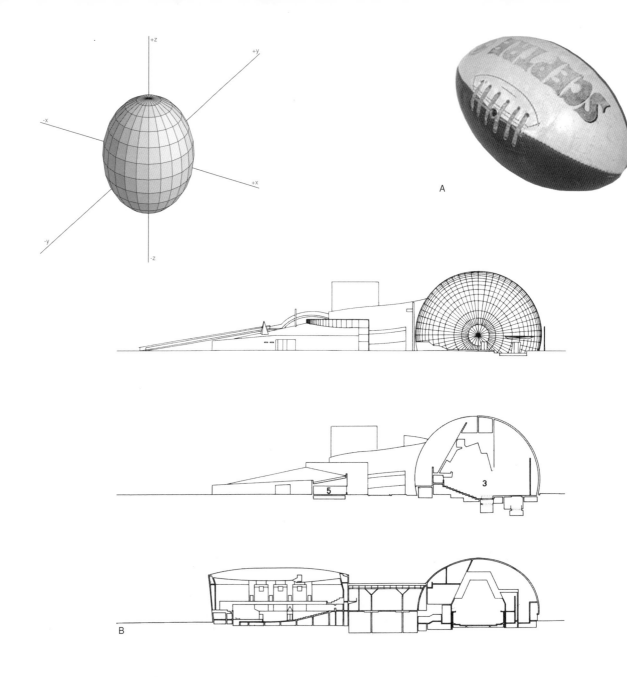

A

B

円錐面

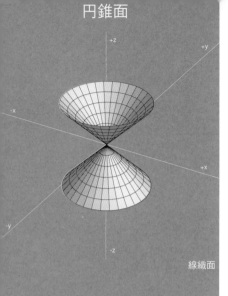

線織面

$$x = a \cdot v \cdot \cos(u)$$
$$y = b \cdot v \cdot \sin(u)$$
$$z = c \cdot v$$

円錐面は円柱面と似た性質を示す
が、平面での切断によってあらわ
れる図形は、円・楕円・直線のほ
かに、放物線・双曲線もあり、そ
れだけ多様性のある曲面といえる。

東京空襲犠牲者追悼・平和モニュメント
土屋公雄　２００１　東京都

A：東京空襲犠牲者追悼・平和モニュメント
　　平面図・展開図
B：下げ振り

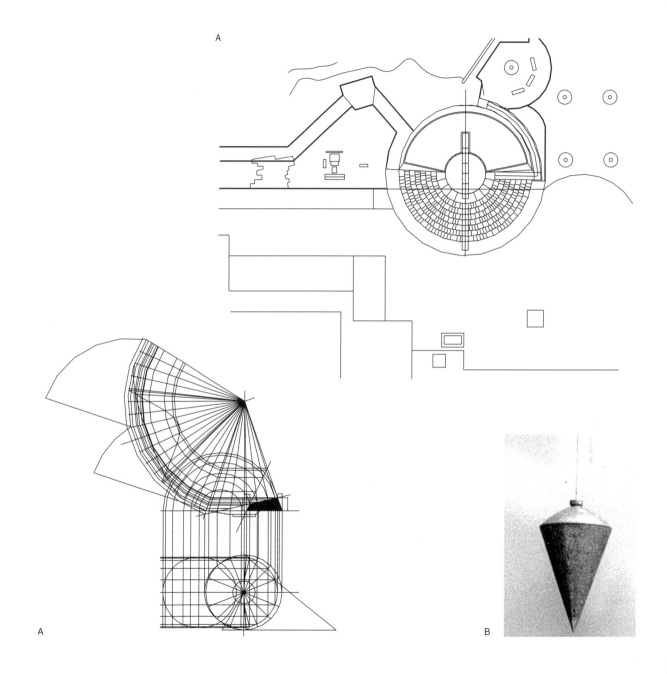

A

A

B

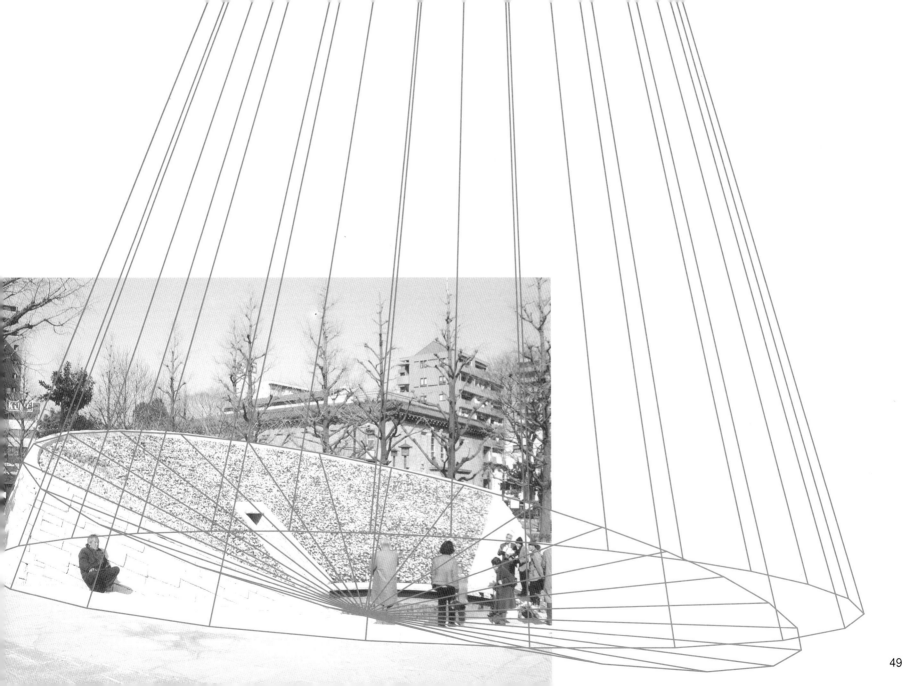

錐状面

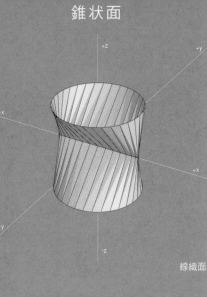

線織面

$$x = a \cdot \cos(u)$$
$$y = b \cdot v$$
$$z = c \cdot v \cdot \sin(u)$$

線対称にある円弧の対称点を直線
で結んだ時、その直線群が作る曲
面。
面に対称線を含むため、直線から
円弧に連続的に変化させることの
できる曲面となり、シェル屋根と
して使われることが多い。

マルチメディア工房
妹島和世十西沢立衛　１９９６　岐阜県

A：歯磨のチューブ
B：マルチメディア工房　断面図

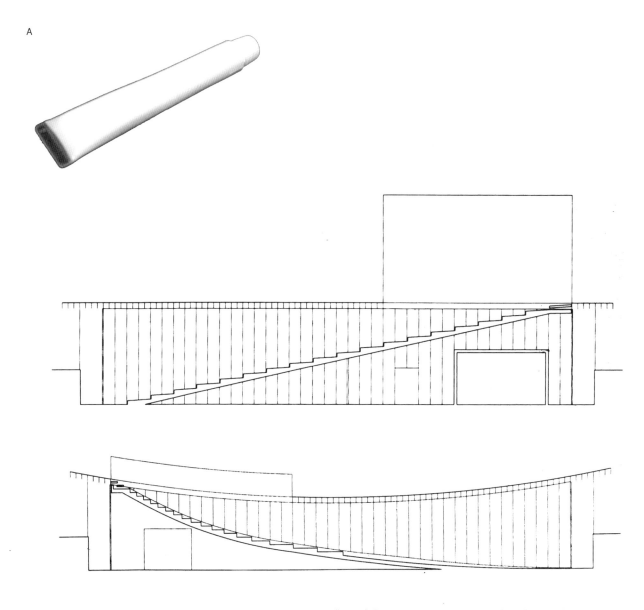

A

B

ここでは、この曲面が線織面であることを利用して、直線的に鉄骨梁を架けている。

円柱螺旋（弦巻線）

$$x = a \cdot \cos(\nu)$$
$$y = b \cdot \sin(\nu)$$
$$z = c \cdot \nu$$

螺線階段の手摺は、立面図ではサインカーブとしてあらわれるが、立体的には円柱螺旋（弦巻線）とよばれる3次元螺線を描く。また、螺旋のスロープや螺線階段の上げ裏を滑らかに仕上たものは、常螺線面（極小曲面）になる。

ルーブル美術館ピラミッド
イオ・ミン・ペイ　1989　フランス

A：ドリルの歯
B：ルーブル美術館ピラミッド　断面図
C：木ネジ

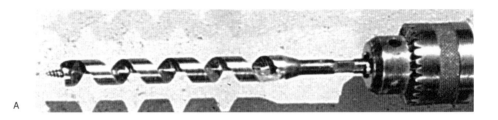

A

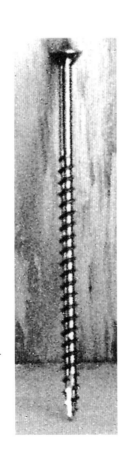

C

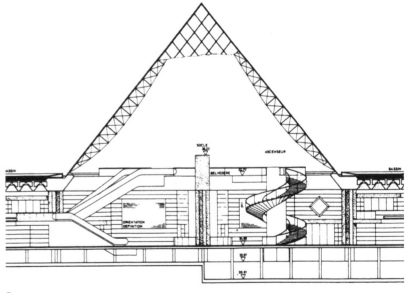

B

53

円錐螺線

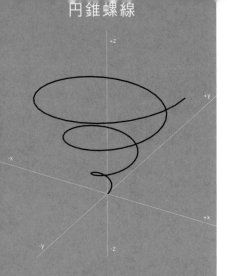

$$x = a \cdot v \cdot \cos(v)$$
$$y = b \cdot v \cdot \sin(v)$$
$$z = c \cdot v$$

円錐曲面に巻かれた３次元螺線で、
円柱螺線を回転軸方向に比例して
縮尺を掛けることで得られる図形。
この曲線を回転軸方向から平行投
影した図は、アルキメデス螺線
（代数螺線の一種）になる。

グッゲンハイム美術館
フランク・ロイド・ライト　1959　アメリカ

A：巻貝
B：ガスタンクの階段

球面螺線

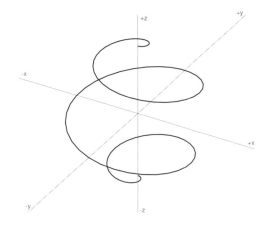

$$x = a \cdot \sin\left(\frac{v}{d}\right) \cdot \cos(v)$$
$$y = b \cdot \sin\left(\frac{v}{d}\right) \cdot \sin(v)$$
$$z = c \cdot \cos\left(\frac{v}{d}\right)$$

B

A

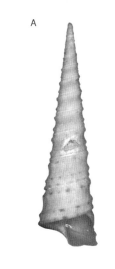

A

楕円放物面

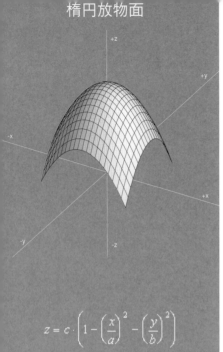

$$z = c \cdot \left(1 - \left(\frac{x}{a}\right)^2 - \left(\frac{y}{b}\right)^2\right)$$

垂直断面が放物線に、水平断面が
楕円（円を含む）になる曲面。
垂直断面が放物線なので、等分布
荷重を受ける使われ方が最適だが、
自重のみを受ける屋根面として、
ドームシェルに多用されている。

ケネディ国際空港ＴＷＡターミナルビル
エーロ・サーリネン　１９６２　アメリカ

A：ケネディ国際空港ＴＷＡターミナルビル
　　立面図
B：パラボラアンテナ
C：懐中電灯の反射版

A

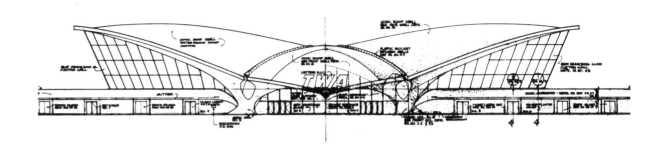

B

C

懸垂線＋懸垂線の曲面

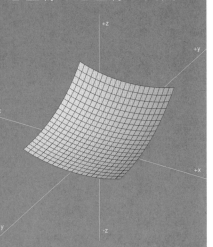

$$z = c \cdot \left(a \cdot \cosh\left(\frac{x}{a}\right) + b \cdot \cosh\left(\frac{y}{b}\right) \right)$$

ＸＺ平面・ＹＺ平面のどちらの断
面も懸垂線になる曲面。
曲げ抵抗の無い一様な面の四方を
吊って、自重のみによる引張力が
働いて自然につりあった形。吊り
屋根やドーム屋根に適している。

代々木国立屋内総合競技場・第1体育館
丹下健三　1964　東京

A：代々木国立屋内総合競技場・第1体育館
　　立面図
B：風呂敷

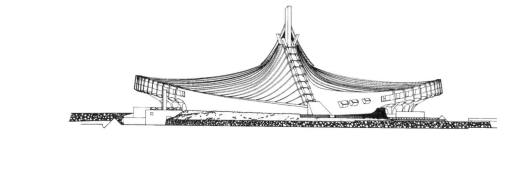

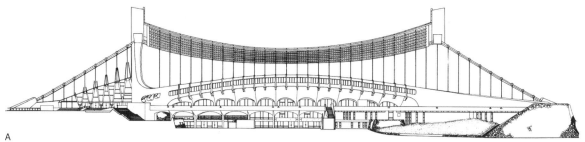

A

B

円錐螺線×懸垂線の曲面

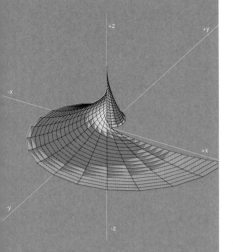

$$x = a(u \cdot v \cdot \cos(v))$$
$$y = b(u \cdot v \cdot \sin(v))$$
$$z = c(v + \cosh(d - u))$$
$$(0 < u \le d)$$

円錐螺線から放射方向に懸垂線が
広がってできる曲面。この形態を
利用すると、1本柱から屋根面を
自然に吊ることができる。

代々木国立屋内総合競技場・第2体育館
丹下健三　1964　東京

A：代々木国立屋内総合競技場・第2体育館
　　立面図

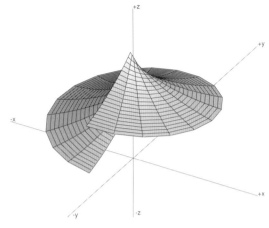

$$x = a((u + v) \cdot \cos(v))$$
$$y = b((u + v) \cdot \sin(v))$$
$$z = c(v + \cosh(d - u))$$

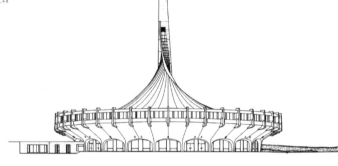

A

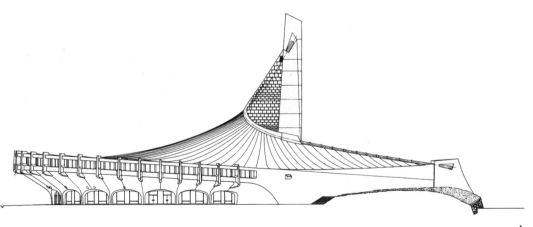

A

双曲放物面

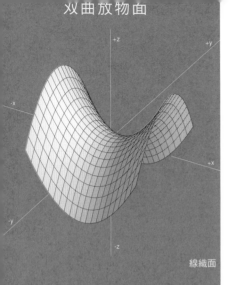

線織面

$$z = c \cdot \left(\left(\frac{x}{a} \right)^2 - \left(\frac{y}{b} \right)^2 \right)$$

垂直断面が放物線に、水平断面が
双曲線になる曲面で、
HyperbolicParaboloid の頭文字を
取ってHP曲面ともよばれる。
この形をシェルに用いると、上に
開く放物線方向には引張力が、下
に開く放物線方向には圧縮力がか
かる。

東京カテドラル
丹下健三　1964　東京都

A：蒸篭の簾
B：型枠模型（クエルナヴァカ：キャンデラ）
C：東京カテドラル　断面図

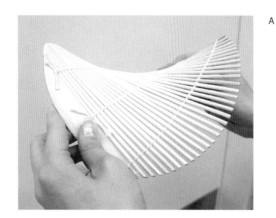

A

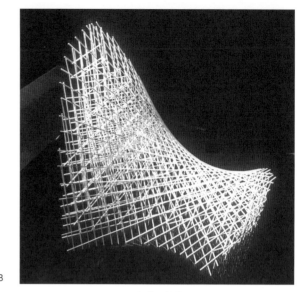

B

製作：斉藤公男研究室
撮影：ナカサ・アンド・パートナーズ

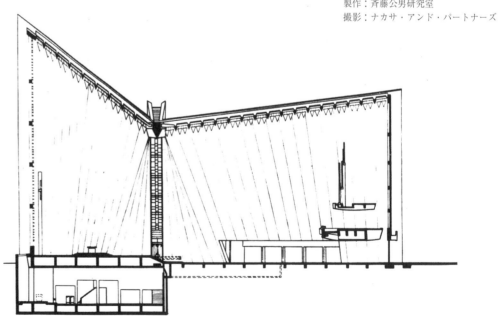

C

一葉双曲面

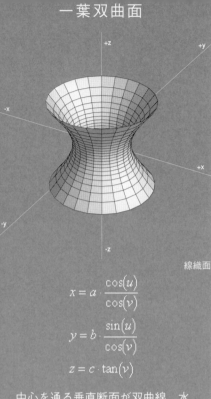

線織面

$$x = a \cdot \frac{\cos(u)}{\cos(v)}$$

$$y = b \cdot \frac{\sin(u)}{\cos(v)}$$

$$z = c \cdot \tan(v)$$

中心を通る垂直断面が双曲線、水
平断面が楕円（円を含む）になる
曲面。中心がくびれた柱形として、
垂直応力に対して座屈に有利な形
態。
円柱面の上下をねじっても作るこ
とができる。

仙台メディアテーク
伊東豊雄　1995　宮城県

A：仙台メディアテーク　立面図
B：鍋投入直前のスパゲティー

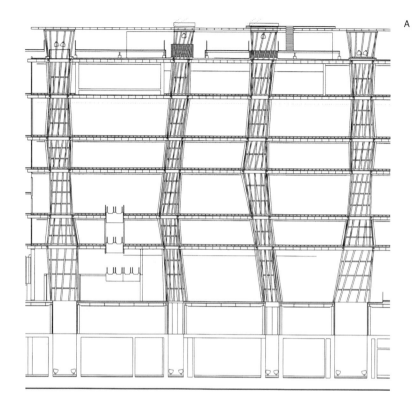

A

B

極小曲面

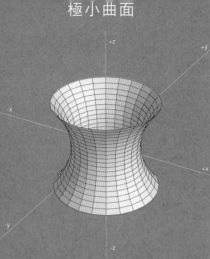

カテノイド

$$x = a \cdot \cosh(v) \cdot \cos(u)$$
$$y = b \cdot \cosh(v) \cdot \sin(u)$$
$$z = c \cdot v$$

拘束された枠の内を最小の面積で
埋める曲面で、針金で作った枠に
シャボン玉を張ったときにできる
曲面。枠の形によってさまざまな
曲面を描くが、懸垂曲面（カテノ
イド）、常螺線面、シャークの極小
曲面などが知られている。

張力安定トラス実験棟
東京大学生産技術研究所半谷研究室
藤井研究室・施設掛＋太陽工業　1991　東京都

A：螺線階段の上げ裏
　　（東海大学代々木校舎：山田守）

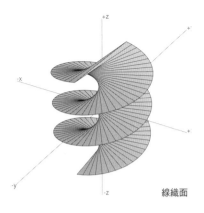

常螺線面

$$x = v \cdot \cos(u)$$
$$y = v \cdot \sin(u)$$
$$z = c \cdot u$$

線織面

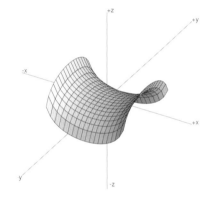

Scherk

$$e^z = \frac{\cos(y)}{\cos(x)}$$

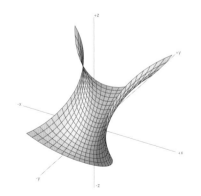

Enneper

$$x = u - \frac{u^3}{3} + u \cdot v^2$$
$$y = -v + \frac{v^3}{3} - u^2 \cdot v$$
$$z = u^2 - v$$

A

伸展性のある布などを張力を
かけて張ると、布の形状に左
右されるが、極小曲面に近似
した曲面を呈する。

66

メタボール（blobs）

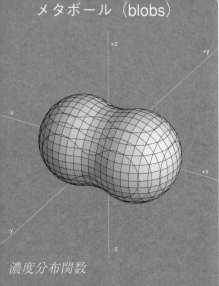

濃度分布関数

$$f(r_i) = b_i \exp(-a_i r_i^2)$$

電荷が点在する空間内の等電位面、あるいは重力場が点在する空間内の等重力面といった概念で想定される曲面。複数の場が滑らかに連続していくような曲面を描く。モデリング・レンダリングのために開発されたアルゴリズムで、ＣＧで動物を表現するときなどに利用される。

雪のまちみらい館
青木淳　１９９９　新潟県

A：パラメータの違いによるメタボールの変化
B：雪のまちみらい館　外観
C：雪のまちみらい館　内観

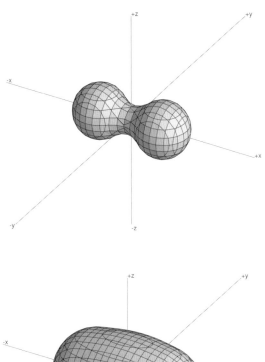

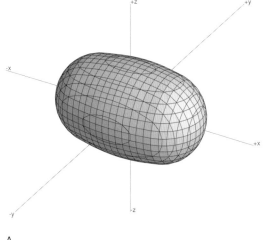

A

B

C

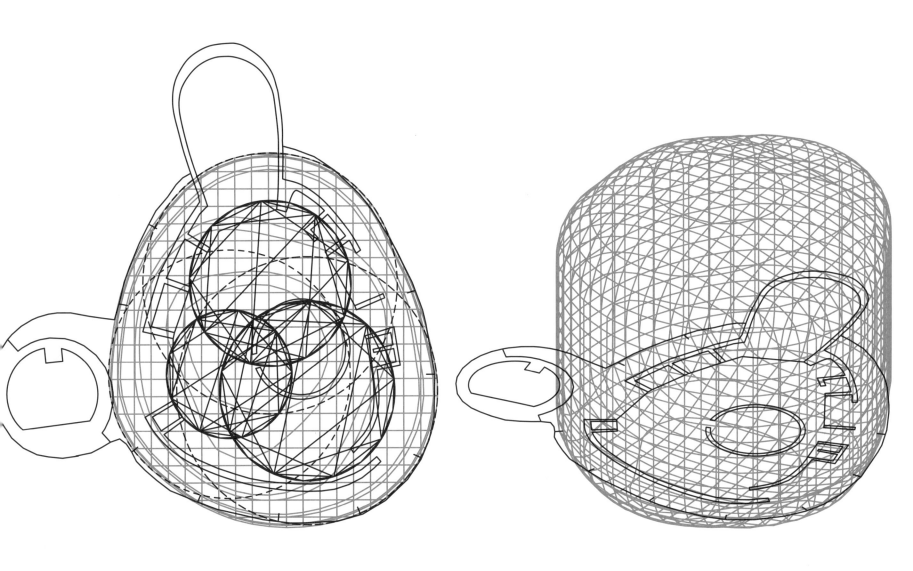

自由曲面

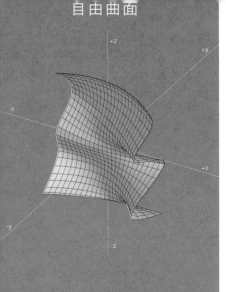

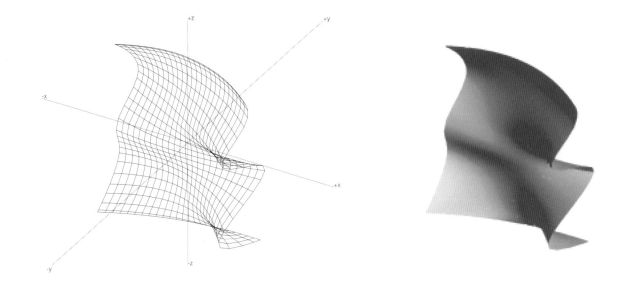

$$R(t) = \frac{\sum_{i=0}^{n} N_{i,p}(t)\,\omega_i P_i}{\sum_{i=0}^{n} N_{i,p}(t)\,\omega_i} = \sum_{i=0}^{n} R_{i,p}(t) P_i$$

複数の制御点から、その点あるいはその点の近くを通るように、数式で発生させた曲面で、スプライン曲線の3次元版といえる。ベジェパッチ、グレゴリパッチ、NURBSなどがあり、工業製品の曲面では多用されている。

ビルバオグッゲンハイム
フランク・O．ゲーリー　1997　スペイン

A：自動車

A

建築物は現場生産？

「建築物は敷地に対応したものだけに、現場で職人さんによって製造される。工場で、機械によって製造されるのであれば、その機械をコンピュータによって制御すれば、数式で示された形を製造できるだろうが、現場で職人さんによって造られる建築物は、そうはいかない。」

本当だろうか？

現在の建築で、本当に現場でしか製造できないものは、どれほどあるだろう？　多くのパーツをカタログから選んで現場で取りつけるだけのものは多い。特注品だって工場生産され、メッキや塗装されて現場に運び込まれてくる。コンクリートだってＰＣにすれば工場生産できるし、型枠パネルを工場生産して現場で組み立てることだってできる。
ということは、製造工場の工作機械がコンピュータ制御されていれば、コンピュータで描ける形は現場に再現できるはずだ。現に鉄骨工場からは、青焼き図面ではなく、ＣＡＤデータを要求される。
施工者の準備は着々と整ってきている。設計者の準備はできているか？

ＤＸＦとプログラム

ＡｕｔｏＣＡＤのような、プログラム可能な図面作成・モデリングソフトでなければ、そのソフトにプログラムされている線・面以外の、数式による線・面を直接描くことはできない。しかし、ほとんどの図面作成・モデリングソフトは、ＡｕｔｏＣＡＤで使われているDXFという形式のファイルを読むことができる。
DXFはテキストファイルで扱いが簡単なので、MS-Windowsのメモ帳やMacOSのSimpleTextで書くことができる。また簡単なプログラムによって、DXFファイルを作成することも可能だ。
このようなプログラム作成に有効な、Ｐｅｒｌという言語がある。ありがたい事に、フリーウェアである上に、MS-Windows、MacOS、UNIX系ＯＳで、ほぼ同様に使うことができる。
前出（６４ページ）の、表計算ソフトのCSVファイルをDXFファイルに変換するプログラムを、Ｐｅｒｌで書いておけば、表計算で作れるすべての線や面を、設計のエレメントとして手に入れることができる。あるいは、表計算にしにくい（極座標など）ものや、良く使う線・面を、直接DXFファイルにするプログラムを書くのも良いかもしれない。

Ｐｅｒｌは、Larry Wall によって開発されているＧＮＵパブリックライセンスのフリーウェア。
http://www.perl.com/pub/

CSVファイルからDXFファイルを作るPerlプログラムの例

```perl
$d1 = 1;
while(<>){
        chomp $_;
        local(@in) = split(/,/, $_);
        $d2 = 1;
        foreach $s (@in){
                $d[$d1][$d2] = $s;
                $d2++;
        }
        $d1++;
}
print " 0¥n";
print "SECTION¥n";
print " 0¥n";
print "ENTITIES¥n";
$c1 = 2;
while($c1 < $d1){
        print " 0¥n";
        print "POLYLINE¥n";
        $c2 = 2;
        while($c2 < $d2){
                print " 0¥n";
                print "VERTEX¥n";
                print " 10¥n";
                print "$d[1][$c2]¥n";
                print " 20¥n";
                print "$d[$c1][1]¥n";
                print " 30¥n";
                print "$d[$c1][$c2]¥n";
                $c2++;
        }
        print " 0¥n";
        print "SEQEND¥n";
        $c1++;
}
$c2 = 2;
while($c2 < $d2){
        print " 0¥n";
        print "POLYLINE¥n";
        $c1 = 2;
        while($c1 < $d1){
                print " 0¥n";
                print "VERTEX¥n";
                print " 10¥n";
                print "$d[1][$c2]¥n";
                print " 20¥n";
                print "$d[$c1][1]¥n";
                print " 30¥n";
                print "$d[$c1][$c2]¥n";
                $c1++;
        }
        print " 0¥n";
        print "SEQEND¥n";
        $c2++;
}
print " 0¥n";
print "ENDSEC¥n";
print " 0¥n";
print "EOF¥n"
```

図 3 － 3

建築のアナログ図学

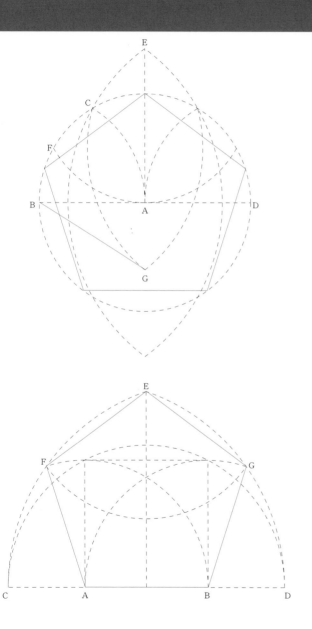

はじめに（建築図学とは）

空間を予見する力

　図学（画法幾何学あるいは実用幾何学）とは、描かれた図形や空間の性質や内容を正しく理解し、さらに新たな図形や空間を描くための方法や技術を身につけるための幾何学の一種である。すなわち＜形や空間にかかわる情報を正確に解読し表現するための方法・技術＞であるから、あらゆる専門分野に共通する基礎的な学問であるともいえる。

　図学はまた、数学の一種である幾何学と、工学的・美学的内容を伴った建築学の、両者を関係づける学問であるという点で、興味深い内容を含んでいる。ところが図学を学ぶ目的が単に＜立体を平面で表現するための製図技法＞とされてきたために、コンピュータによる製図の浸透とともに、図学そのものが徐々に風化しつつある。

　図学を学ぶ真の目的は、複雑な曲線や建物のパースを手作業によって描く方法を身につけることではなく、より本質的な問題、すなわち3次元空間を2次元平面の中できちんと把握する能力、つまり2次元平面の中で3次元空間を正しくイメージし予見するための想像力を養うことである。これは建築設計のように、実体化していない建築物の姿を図面を通じて把握するようなときに必要とされる能力でもある。現在われわれはコンピュータを利用することで、あらゆる複雑な図形や映像を自由に創造し表現できるようになった。とはいえ、このことは同時にオートマティズムによるイマジネーションの喪失という危うさを人々にもたらしている。だからこそ今、空間を予見できる力を養うことが必要なのではないか。

図を描くための道具

　紙の上に図を描くことによって幾何学問題を解く、ということが図学の基本である。左の2つの図は、正5角形をコンパスと定規を用いて作図するための手順を描いたものである。特に上図ではコンパスのみで正5角形の頂点のポイントを描いている。コンピュータを用いない図学では、このようにコンパスと定規のみを用いて作図を繰り返す。コンパスとは、ある一定の長さを別の場所にずらす（移動させる）ための道具であり、定規とは直線を描くための道具である。目盛りのついた物差しや分度器、計算機などはふつう使用しない。数字を使わず計算しないで問題を解く、いわば超アナログ的な数学であるといえよう。作図道具が素朴であるから、例えば棒きれと縄を使って地面に正多角形を描いたりする場合など、いざというときに応用できるローテクな技術でもある。なおコンピュータを使った図学については、＜図3-3補＞を参照されたい。

建築図学としての新しい図学

　図学には、フランス的な図学（投象図法を中心とする概念的、抽象的な図学）と、アメリカ的な図学（直接図法による実用的、具象的な図学）の大きく２つの種類がある。フランス図学とは、対象物を基本的に空間上の第１象限に置いて描くもので、第１角法とも呼ばれている。この場合、対象物が図として写し出される投象面（画面）は、直立画面・水平画面ともに視点に対して対象物の後方に置かれる。こうした図法では、投象画面の設定位置や、画面相互の交差する線（跡線）などが重視される傾向があり、対象あるいは図形の空間的な位置関係を概念上の絶対軸（ＧＬ）との関係で表記することを基本としている。

　一方アメリカ図学とは、対象物を第３象限に置くもので、画面は対象物の上面あるいは前面に位置する。対象物の図は直接目で見た姿と近似するのでイメージしやすい。こうした図法はまた、対象物の空間的位置を、跡線やＧＬという絶対的座標軸を設定せずに、相対的な位置関係のみを用いてあらわすのが特徴である。

　さて本書における図学であるが、フランス図学とアメリカ図学の中間である図法、いわば準第２角法という図法を採用している。これは図学での図面をより建築における図面表記方法に近いものにするためである。右図はその準第２角法のしくみを示すものである。まず対象物を第２象限に置く。すると水平画面は対象物の下方に、直立画面は対象物の前面となる。すなわち対象物は基本的に水平画面よりも上に置かれるので、水平画面を現実の世界での地上面としてイメージしやすくなる。最終的には、平面図にはＧＬが付属せず、立面図にのみＧＬ(Ground Lineというよりより Ground Level)が描かれることになり、実際の建築図面の形式に近づくことになる。

　この投象法をベースとして、本書では図学における基本的な概念や図法を全10章に分けて順次解説している。内容的には、アイソメ（等測図）を複投象における斜副面図として位置づけていること、平面の跡線表現を省いていること、複雑な作図はコンピュータで行えばよいので大幅に省略していることなどが、これまでの図学の優れた教本*とはやや異なる点である。

*須藤利一著＜図学概論＞東京大学出版会1961

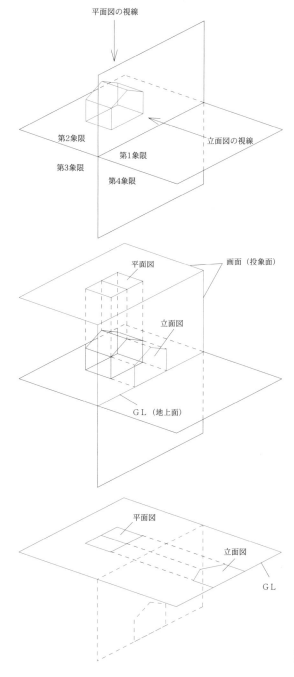

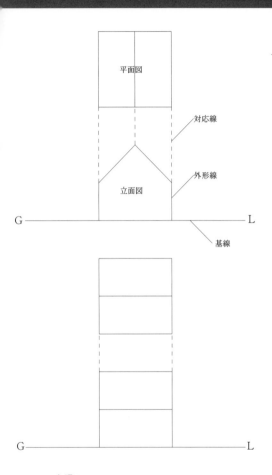

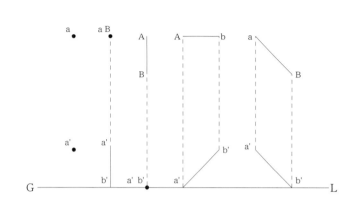

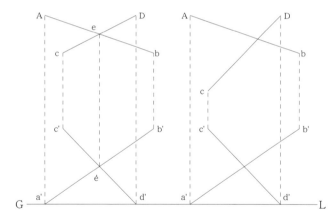

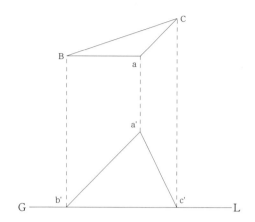

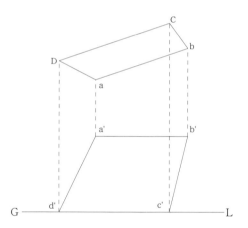

▲▲　表現のルール

図学では一般に3次元空間上の立体図形を2つの図面（平面図と立面図）の組み合わせによって2次元的にあらわす。立面図において地上面の位置を基線（GL）によって表記する。

▲　下図の立体は上図の立体と同形であるとは限らない。

▲▲　点や直線の平面図と立面図の例

図形の平面的な位置関係を示すものが平面図で、図形のGLからの高さを示すものが立面図である。

▲　2直線の関係（交わる／交わらない）
2つの直線が交わる場合には、平面図上の交点eと立面図上の交点e'がきちんと対応するはずである。下図右の場合、2つの直線は交差しない。

▲▲　面（平面）の表記

傾いた平面については、普通三角形の外形線によって表記する。

▲　2直線の関係（平行線）
空間上で2つの直線が平行である場合、平面図、立面図ともに平行線となる。よって点abcdは同一平面上にある。

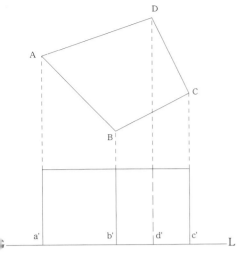

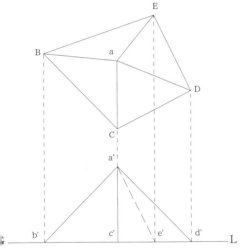

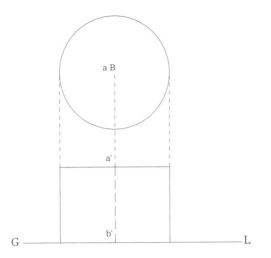

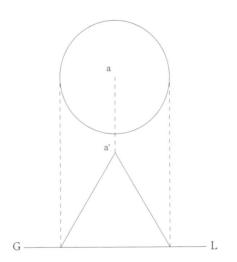

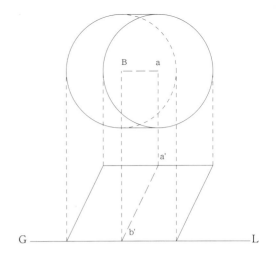

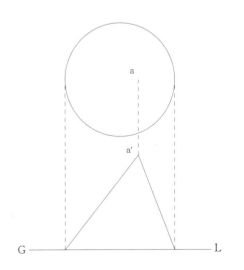

▲▲　角柱

底面ABCDに対して、特に各稜が垂直であるものを直角柱
という。

▲　角錐
頂点Aと底面BCDEを結んでできる立体を四角錐という。

▲▲　円柱

底面が円で、回転軸ABがそれに垂直である柱体を特に円
柱という。軸線ABは破線で表記する。

▲　円錐
底面が円で、回転軸ABがそれに垂直である錐体を特に円
錐という。

▲▲　柱体

GL上の底面は円であるが、回転軸ABが垂直でない場合、
この柱体の軸に垂直な断面は、円ではなく楕円である。

▲　錘体
GL上の底面は円であるが、頂点Aが底面の中心にない場合、
この錘体の軸に垂直な断面は円ではなく楕円である。

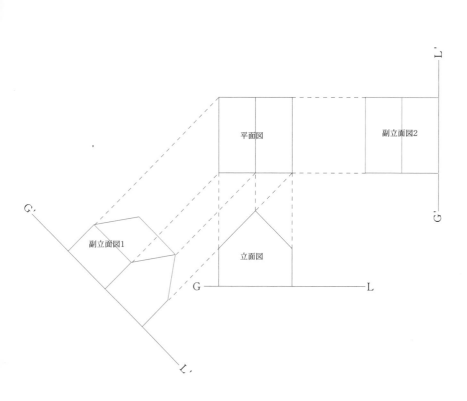

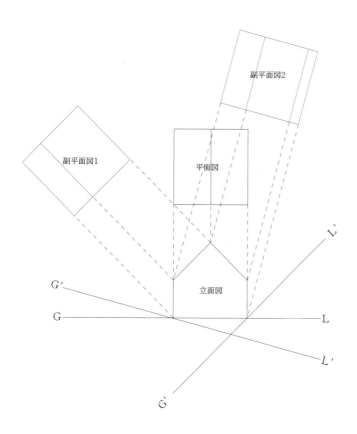

▲　副立面図を描く

対象物を斜め横からみた図を副立面図という。副立面図1は、もとの図形に対し左前方斜め45°の角度から見た立面図である。副立面図2は真横90°から見た立面図で、特に側面図ともいう。
ともに平面図に対し副基線G'L'を定めることによって描くことができる。

▲　副平面図を描く

対象物を斜め上方から見た図を副平面図という。副平面図1は、もとの図形に対し左上方斜め45°の角度から見た平面図である。副立面図の場合と同様に、もとの立面図に対し副基線G'L'を定めることによって描くことができる。

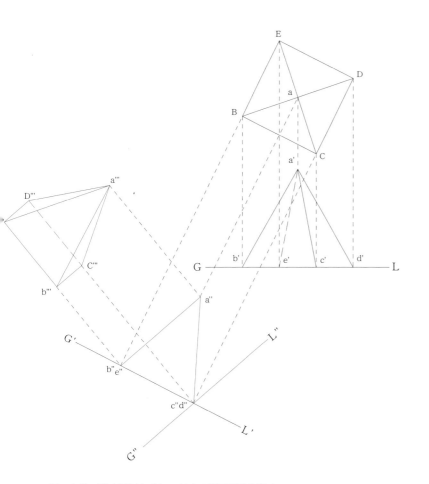

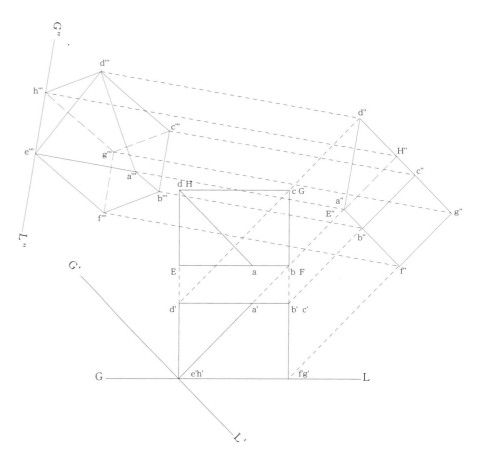

▲　正四角錐の副立面図とそれに対する副平面図を描く

まず底面の一辺BCに対して平行な副基線G'L'を引き、副立面図を描く。
さらに、副立面図上の面a"b"e"に対して平行な副基線G"L"を引き、副平面図を描く。
この場合、副平面図上の三角形a"'b"'e"'は二等辺三角形となる。

▲　角の欠けた直方体の副平面図とそれに対する副立面図を描く

まず斜め45°上方から見た副平面図を描く。得られた副平面図に対して、面
a"d"e"を真正面から見る角度で副立面図を描く。
この場合、副立面図上の三角形a"'d"'e"'は正三角形である。

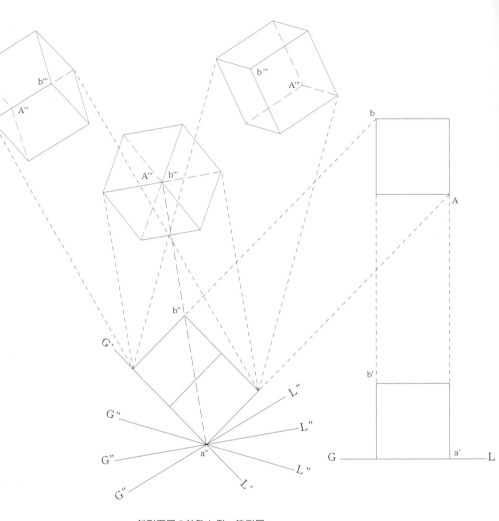

▲　斜副面図（軸測投象図）

対象物を上下左右いづれも斜めの方向からみた図を斜副面図という。
上図ではまず対象物を斜め横45°の角度からみた副立面図を描き、さらにこの図に
対して斜め上方45°の角度（a"b"に平行な角度）から見た副平面図を描いている。

▲　斜副面図の特殊な例＝等測図

正6面体（立方体）の斜副面図をいくつか描いてみる。
上図は、はじめに斜め横45°の副立面図を描き、それに対して様々な角度から見た副平面
図を描いたものである。特に中央の副平面図は、立方体の対角線ABの方向からみた図で、
等測図（アイソメトリック）とよばれる。
すなわち等測図は、対象物に対して上下左右に等しい角度（約35.16°）から見た図である。

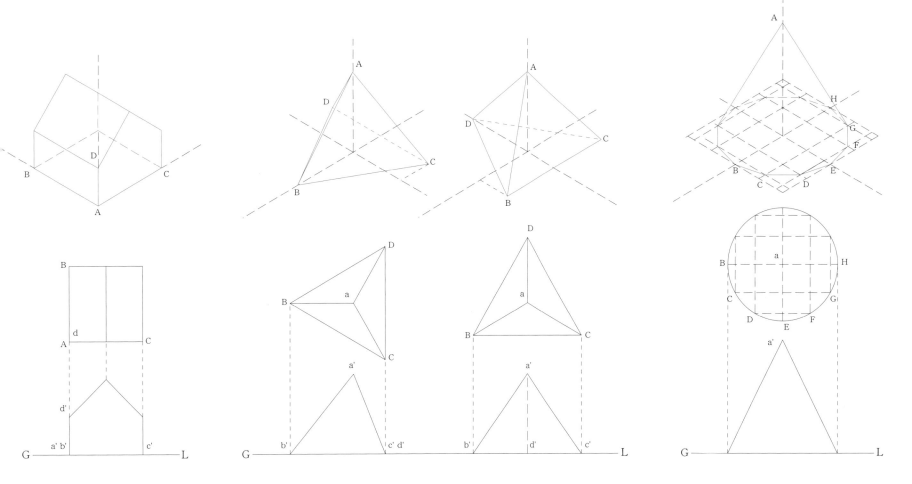

▲　等測図（アイソメ）を描く

等測図では直交３軸上の縮尺率が等しい。このことを利用して実際よりやや大きめの図形を描く。すなわち等測図上のACの長さは、平面図上のACの長さと等しくなっている。

▲　正４面体の等測図

頂点Aを通ってGL面に垂直な直線を第１の軸とする。さらにこの軸に垂直で、底面上の頂点のうちの１点を通る直線を第２の軸とする。こうして３軸を設定し、互いに60°で直交する３次元座標軸を紙面に描く。
各頂点の位置を座標変換してプロットすれば、立体の等測図を容易に描くことができる。

▲　円錐の等測図

底面の円の等測図を描くには、円弧をいくつかの点に分割し、それぞれの点を座標変換してプロットし、最後に点相互をなめらかに結ぶ。円の等測図は楕円である。

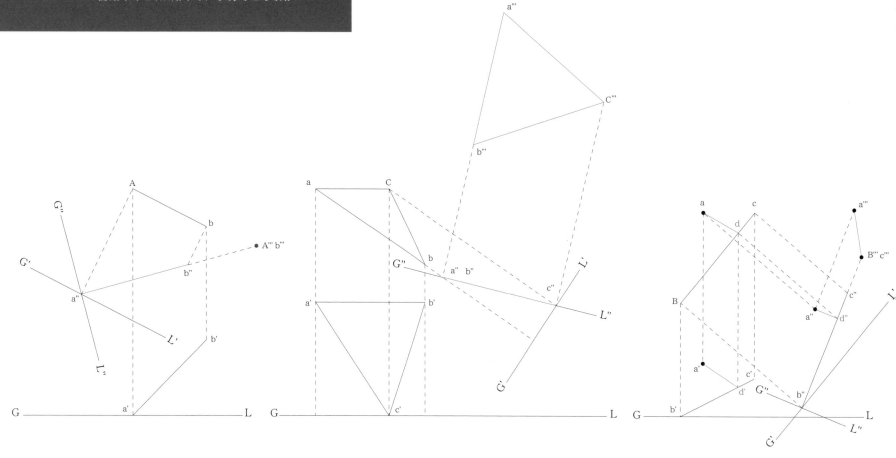

▲　直線の実長、点形図

傾きをもった直線の実際の長さ（実長）
を求めるには、平面図Abに平行な副基線
G'L'に対する副立面図a"b"を描けばよい。
また、a"b"に垂直な副基線G"L"に対する
副平面図A'''b'''を直線の点形図という。

▲　三角形の端形図、実形

三角形ABCにおいて、GLに平行な辺ABに対して垂直な副基線
G'L'に対する副立面図を求めると、三角形が直線a"b"c"として描
かれる。これを端形図という。さらにこの端形図と平行な副基
線G"L"に対する副平面図は、三角形ABCの実際の形（実形）と
なる。

▲　垂線の足

点Aから直線BCに向かって垂線を描くに
は、副立面図上でa"からb"c"へ垂線をおろ
せばよい。点Dは垂線の足である。さらに
直線BCの点形図b'''c'''を描けば、垂線ADの
実長が得られる。

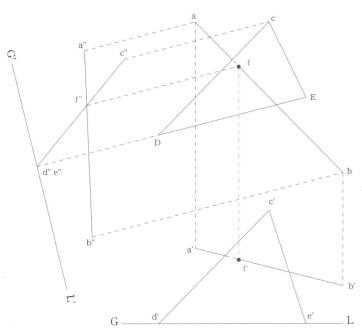

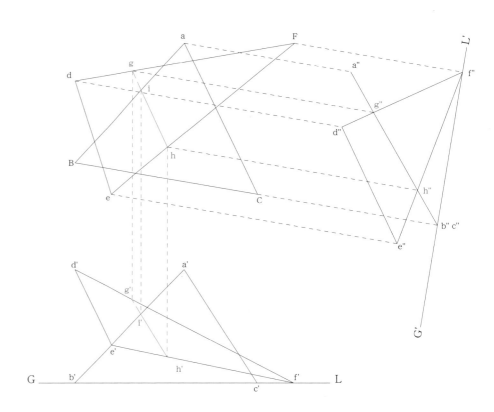

▲　直線と三角形の交点

直線ABが三角形CDEを貫く点の位置は、三角形の端形図を描くことで求められる。まずGLに平行な直線DEに対して垂直な副基線G'L' を引き、三角形ABCの端形図c"d"e"を描く。さらにこれと直線a"b"との交点f"を求める。

▲　2つの三角形の交線

三角形ABCとDEFが互いに交わる部分の様子は、どちらかの三角形の端形図を描くことで求められる。ここではまず三角形ABCの端形図a"b"c"を描き、辺DFとEFとのそれぞれの交点GとHを求め、さらに直線GHと辺ABとの交点Iを求める。線分HIが2つの三角形の交線である。

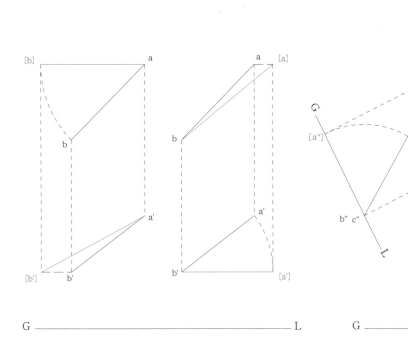

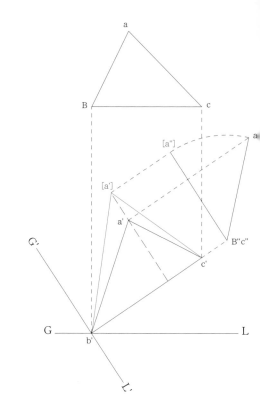

▲　図形を図面上で回転させる

対象物に対する視線の方向を変えずに、対象図形そのものを
移動・回転させることをラバットメントという。直線ABの
実長を求めるには、点Aを基点に、点Bを水平方向に[B]の位
置まで回転させれば、a'[b]'が実長となる（左図）。
あるいは点Bを基点として点Aを垂直方向に[A]の位置まで回
転させればよい（右図）。

▲　三角形のラバットメント

三角形ABCの実形を求めるには、まず副立面図として
三角形の端形図a"b"c"を描き、BCを軸として点Aを点
[A]まで回転させる。三角形[A]BCが実形となる。

▲　三角形のラバットメント2

同様に三角形ABCの実形を求めるために、ここ
ではまず副平面図として三角形の端形図a"B"c"
を描き、BCを軸として点Aを点[A]まで回転させ
る。三角形[a]b'c'が実形となる。

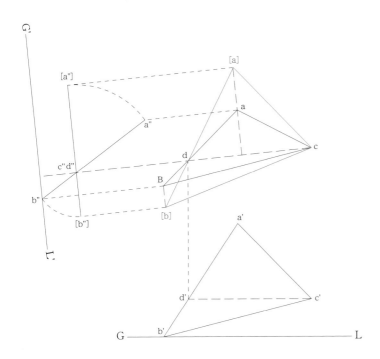

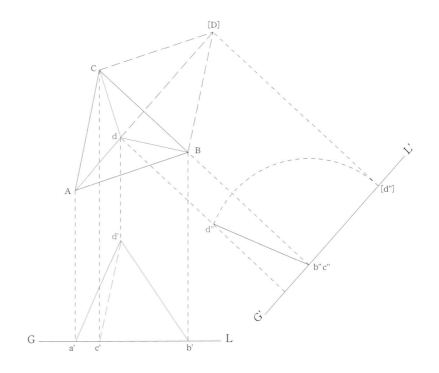

▲　三角形のラバットメント3

三角形ABCの副立面図が端形図となるためには、GLと平行な線分（例えば線分CD）が、副立面図上で点形図（c"d"）となるように副基線を設定しなければならない。ここでは線分CDを軸として点Aと点Dのラバットメントをおこなっている。三角形[a][b]cが実形となる。

▲　正4面体をつくる

GL面上に正三角形ABCが与えられていて、それを底面とする正4面体を作図するには、頂点の高さを得なければならない。ここではGL面上に正三角形BC[D]を想定し、BCを軸としてその図形をラバットすることで、頂点Dの高さを求めている。

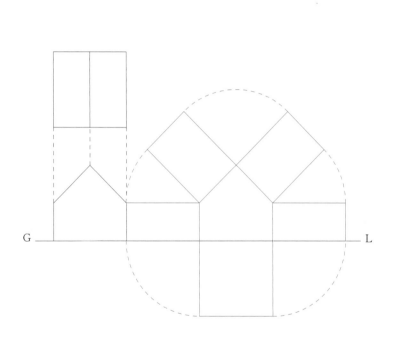

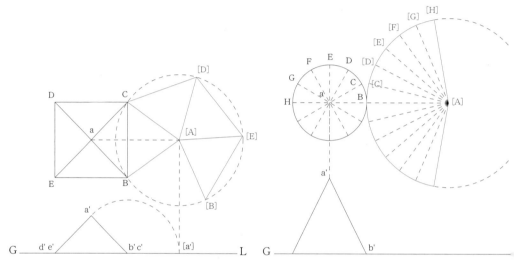

▲　立体の展開図

立体を構成する表面のすべてを同一平面上に広げた図を
展開図という。一般的に展開図では、一辺を共有させな
がらすべての面を隣接させて描く。各面の形状はすべて
実形である。

▲　角錐の展開

角錐では、底面の実形はすでに平面図上に描かれているので、側面
のみを頂点を中心に展開して描くのが一般的である。
上図では、まず側面ABCのラバットメント[A]BCを描き、それに隣
接する側面のラバットメントを順次描いたものである。

▲　円錐の展開

円錐上の曲面は、頂点を共有する直線の集合ででき
いるため、展開可能な面である。ここでは、底円
多角形に分割し、円錐を正多角錐としてみることに
り、近似的な展開図を描いている。

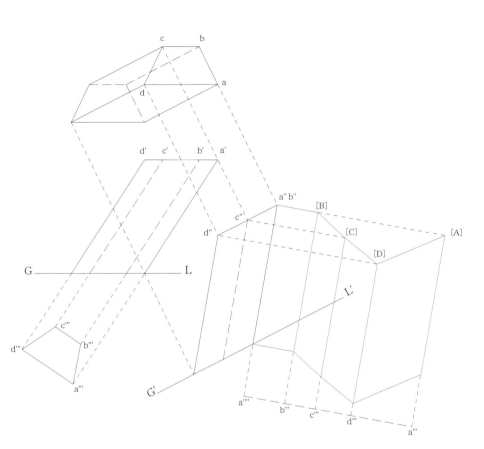

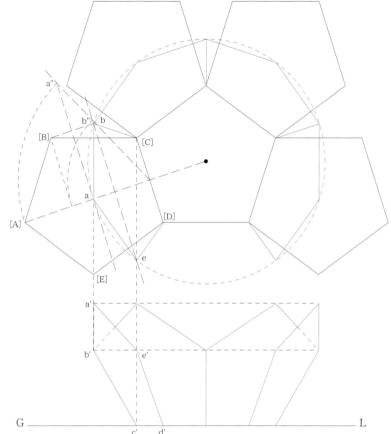

▲　角柱の展開

角柱の稜は平行であるから、柱面の実形はすべて平行四辺形である。稜が実長と
なるように副立面図を描き、1つの稜Aを軸線として稜Bをラバットする。
シ平面図abcdは実形であるから、a"[B]=abである。同様にCDEの各稜も順次ラバッ
トしていく。なお別解として、角柱の垂直断面a'''b'''c'''d'''を描いて、稜間の実距離
を求めて作図する方法もある。

▲　正12面体への折りたたみ

GL面上に置かれた数枚の正五角形を持ち上げて、正12面体の一部をつくることを
考える。正五角形ABCDEにおいて、点[B]は平面的に点bまで移動するはずである
から、点[A]は点aまで移り、その高さはaa"となる。同様に点bの高さを求めるこ
とで、すべての面を折り畳んだ状態の立面図が描ける。

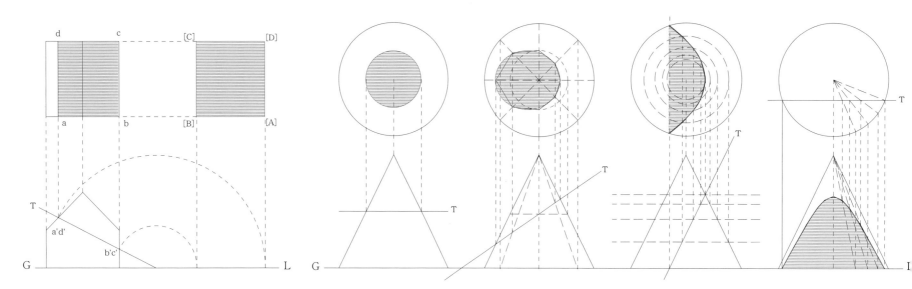

▲　立体の切断

対象物をある平面（切断平面）で切断したときの切り口を断面という。切断平面は一般に端形図で示される。上図は、ソリッドな立体を平面Tで切断したときの断面abcdを描いたもので、[A][B][C][D]はその実形である。

▲　円錐の切断

円錐を切断したときの断面形状は、切断平面の勾配によって様々な曲線を描く。切断平面Tが水平の場合には円弧、平面Hが錐面の勾配より緩やかな場合には楕円弧、錐面の勾配と同一の場合には放物線、錐面より急な勾配のときは双曲線となる。

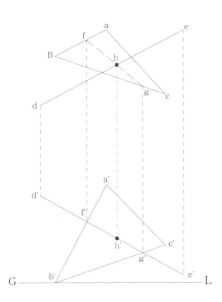

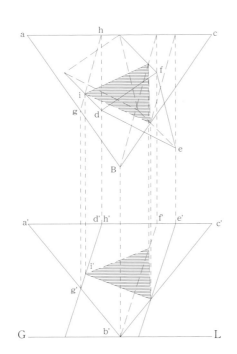

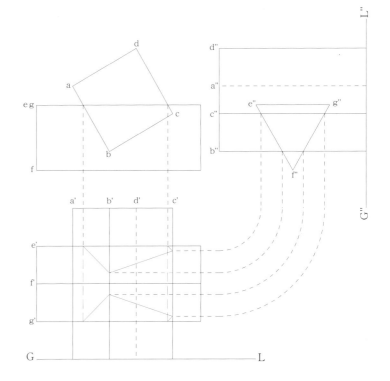

▲　三角形による直線の切断

三角形ABCと直線DEの交点は、DEを含む切断平面
DFEGを想定すると、平面図上の線分fgと直線deとの交
点Hとして求められる。

▲　三角形による角柱の切断

三角柱DEFの3つの各稜（線分）に対して、三角形
ABCとの交点を、左図と同様にしてそれぞれ求めてい
けば、切断面が得られる。

▲　立体の相貫

2つ以上の立体が互いにかみ合っている状態を相貫という。上図で
は正四角柱ABCDと正三角柱EFGが互いに直角に相貫している。三
角柱の側面図e"f"g"を描くことにより、面と稜の交点の高さを求め、
さらに交点相互を結ぶことで、相貫交線を求めている。

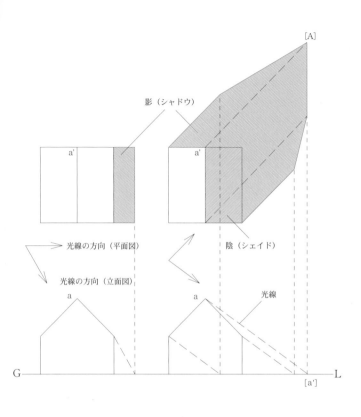

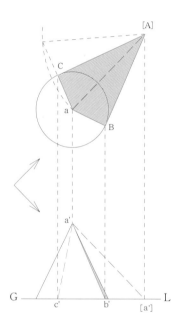

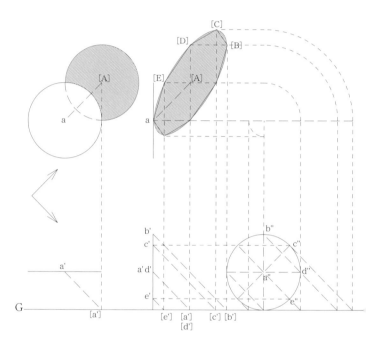

▲　立体の陰（シェイド）と影（シャドウ）

太陽光のような平行な光線が対象物に当たるとカゲができる。対象物の表面にできるカゲを陰、GL面にできるカゲを影という。いずれも光線の方向によってその形が決まる。立体の頂点Aの影は、左図では他の部分に隠れており、右図では[A]として影線の一部となる。

▲　円錐の陰影

錐面の影線は、頂点Aの影[A]より底円に対して引かれた接線（[A]Bおよび[A]C）である。したがってaBCの部分が陰となる。

▲　円の影

円が水平に浮いている場合、その影は円と同形となる。円が垂直に置かれている場合、その影は一般に楕円形となる。楕円形の影線は、円周上のいくつかの点の影をなめらかに結んで作図する。

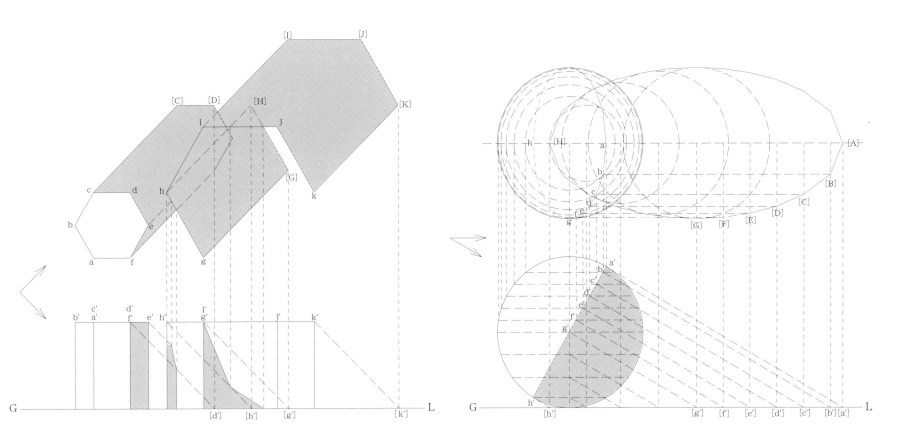

▲　角柱の陰影

正6角柱ABCDEFと正6角柱面の一部GHIJKが隣接して立っている場合の陰
影を描いてみる。角柱面の稜はそれぞれ平面図上に影を落とす。このうち
稜Hの影は一部IJ面にあたって、内側に陰をつくる。そのとき点Hの光線と
IJ面の交点が陰線の屈折点となる。一方、正6角柱はGH面に影を落とす。
この場合、点Fおよび点Eの光線とGH面との交点が陰線の屈折点となる。

▲　球の陰影

球に平行光があたると、表面の半分が陰となり、陰線は大円となる。したがって
その見えがかりは、真横であれば半円、斜めから見れば楕円形となる。一方、球
の影線はGL面に垂直な光線でない限り一般に楕円形となる。上図では、陰線上の
各点の影を結ぶことで陰線を描いている。
なお別解として、球を水平な円の集合として見立てて影線を求める方法もある。

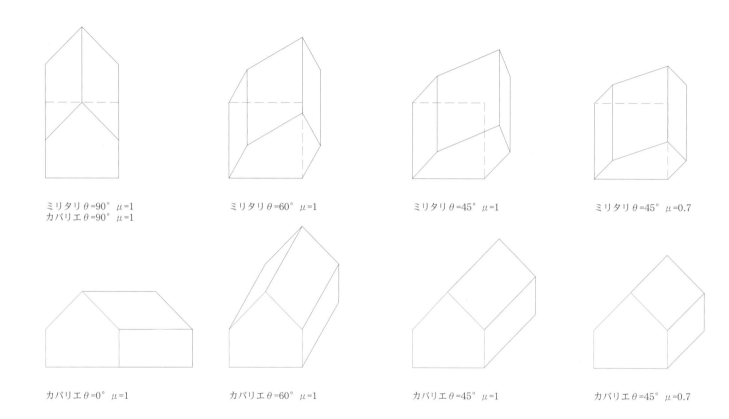

ミリタリ θ=90° μ=1
カバリエ θ=90° μ=1

ミリタリ θ=60° μ=1

ミリタリ θ=45° μ=1

ミリタリ θ=45° μ=0.7

カバリエ θ=0° μ=1

カバリエ θ=60° μ=1

カバリエ θ=45° μ=1

カバリエ θ=45° μ=0.7

▲　立体の斜投象図、ミリタリ投象とカバリエ投象

斜投象図とは、先述の斜めからの平行光線に対するGL面上の影の形のように、陰影線対象物への視線に対して、画面を斜めに置いたときにできる図のことである。
こうした図は、立体の形状を主に組織する直交3軸を適度に斜交させて描くことによっても得られるので、等測図（アイソメ）のような垂直軸測投象図（＝斜副面図）
に対する＜斜軸測投象図＞（オブリク・アクソノメトリック、通称アクソメ）ともよばれる。
一般に斜投象には2つの画法（ミリタリ画法、カバリエ画法）がある。ミリタリ画法はGL面に対して斜めの視線から立体をみた平面図で、カバリエ画法はGLに垂直
な面に対して斜めの視線から立体をみた立面図である。ともに斜軸のスケール（＝μ）および斜軸の角度（＝θ）は任意である。

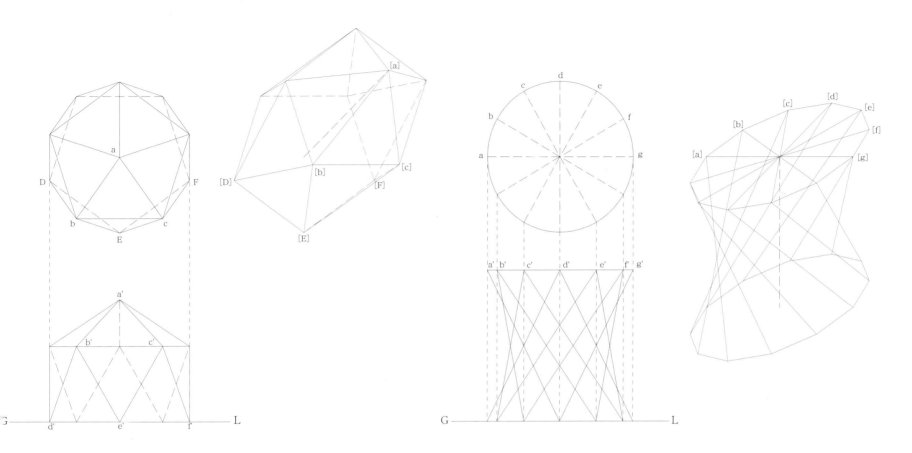

▲　正20面体の斜投象図を描く

上図は、正三角形20枚によってできる正多面体の一部（15枚分）を、ミリタリ画法（θ=45° μ=1）によって描いたものである。斜投象図は対象物の立体感を一枚の図であらわすのに適しているので、平面図+立面図といった複数面の組み合わせであらわす図（複面投象図）に対する＜単面投象図＞の一種である。

▲　円とねじれ面の斜投象図を描く

上図は、円を上底面とする回転体を、カバリエ画法（θ=45° μ=1）によって描いたものである。カバリエ画法では、水平な円は楕円として描かれる（ミリタリでは円のままである）。側面の曲面は、一種類の直線が互いにねじれて集合した面で、単双曲回転面という。

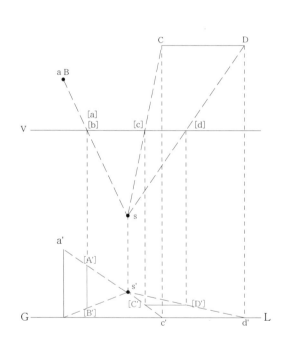

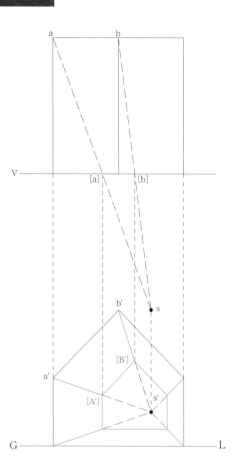

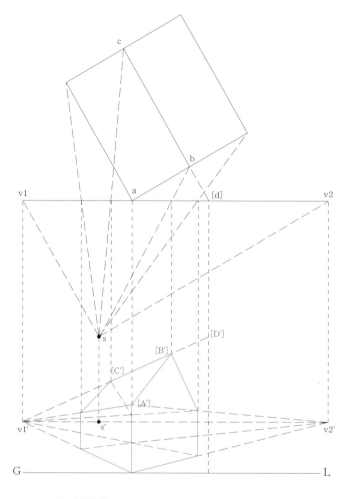

▲　透視図（パース）の原理

透視図とは、任意の一視点Sから対象物Aをみたとき、SA間に立てられた垂直画面Vに投影される図[A]のことをいう。GL面に垂直な線分AB、および画面に平行な水平線CDは、透視図においても垂直、水平である。

▲　消点（バニッシングポイント）

上図は、立体の正面を画面と重ねたときの（内観の）透視図である。画面に垂直なすべての直線は、透視図上では視点s'へと向かう。このとき点Sを消点という。消点を利用すると透視図の作図が容易となる。

▲　2消点法

上図は、左図と同形の立体を、画面に対して傾けて置いたときの透視図を描いたものである。BCと平行なすべての直線の透視図は、画面上で点v1'へと向かう。同様にBCと平面的に直角な直線は点v2'へと向かう。すなわちV1V2ともに消点であり、双方を結ぶ直線は地平線をあらわしている。

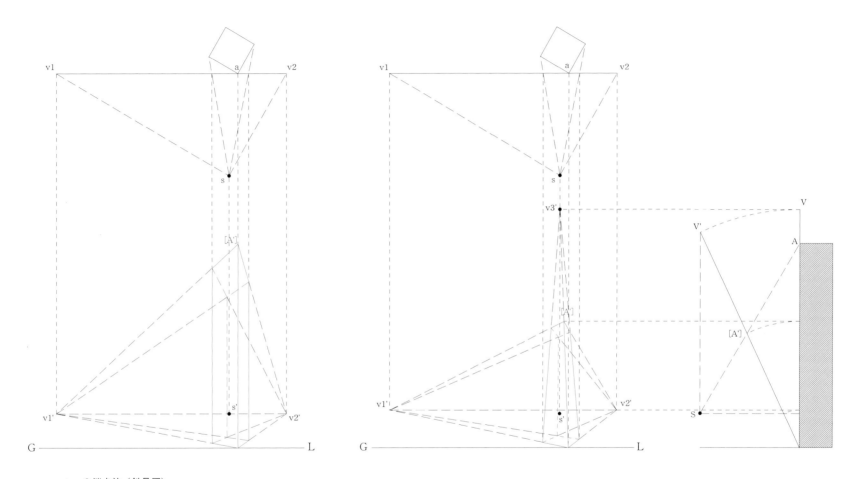

▲　3 消点法（斜景図）

画面を垂直に立てたときの透視図では、左図のように、GL面に垂直な直線はすべて地平線に垂直な平行線となって描かれる。ところが、背の高いビルのような対象物を仰ぎ見るとき、実際には高い部分は遠く小さく見えるはずである。右図は、垂直画面をVからV'へと少し手前に傾けたときの透視図である。このときGL面に垂直なすべての直線は、新たな消点V3へと向かうことになる。こうして得られた透視図を斜景図という。

図 3 － 3 補

建築のデジタル図学

コンピュータでは、タイル表示（formZではウィンドウフレーム）によって、立面図と平面図を同時に見ることができる。この表示方法では、多くの場合、副立面図（側面図）や単面投象図も同時に表示される。

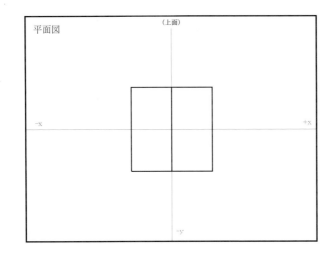

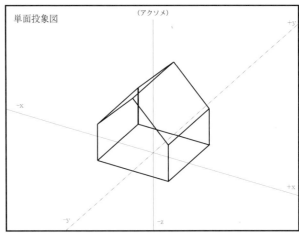

コンピュータの中では、X・Y・Z座標よって3次元空間を把握するので、X－Y平面（Z＝0）を地上面の位置とすると考えやすい。
そうすると、立面図ではX－Y平面が直線となって見え、これがGLに相当する。

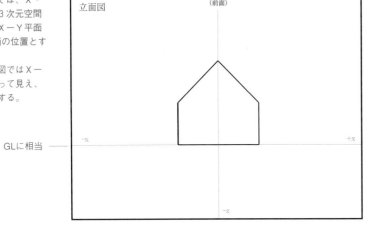

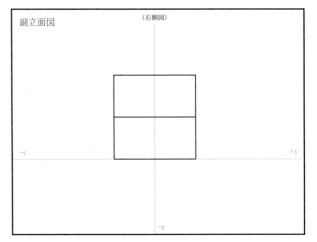

コンピュータでは、Ｚ座標＋から一方向を見た視点（平面図）を基準として、各座標軸に対する回転角度で、見る方向を指定する。回転する順番が、見る方向に影響するので、注意が必要だ（ｆｏｒｍＺの場合、Ｚ，Ｙ，Ｘ軸の順に回転する）。立面図は、Ｘ軸廻りに９０°回転した視点である。（ここでわかるように、コンピュータでは平面図・立面図などと図面を分けて考えていない。すべて視点の設定の違いだけである。）

副立面図１は、左前方４５°から見ているので、Ｚ＝－４５°、Ｙ＝０°、Ｘ＝９０°となる。

副立面図２は、右９０°からの視点なので、９０°，０°，９０°である。
（アナログ図学のように横向きになる視点は、０°，９０°，０°）

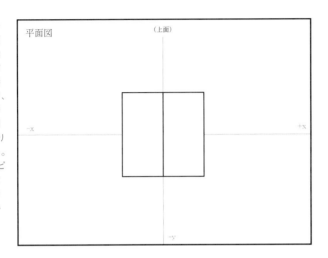

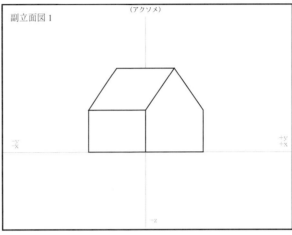

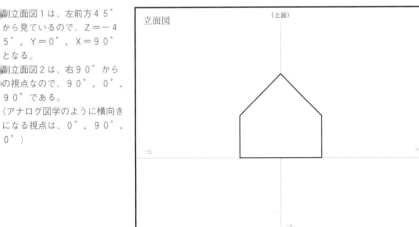

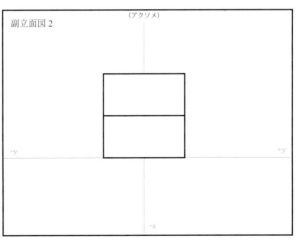

斜副面図も、やはり座標軸に
対する回転角度で指定する。

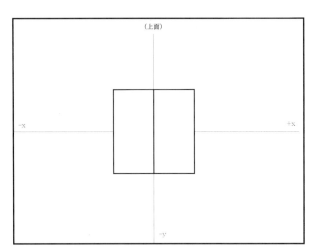

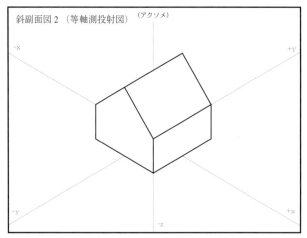

斜副面図1の、右斜め上方4
5°からの視点は、45°，
0°，45°となる。斜副面
図2は等軸測投象図（アイソ
メトリック）で、視点は4
5°，0°，54.84°
（90°－35.16°）で表
示できる。
（このようなX－Y・Y－Z・
Z－X平面すべてが線でなく
見える視点の図面を、垂直軸
測投象図という）

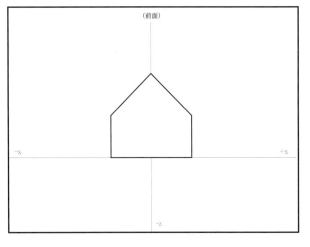

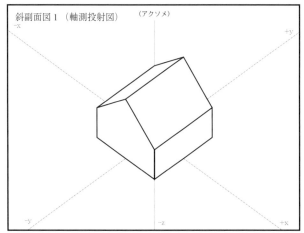

使用するツール

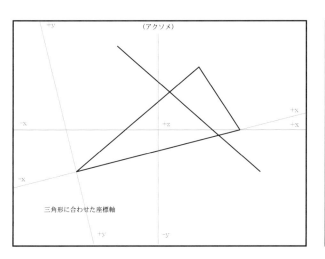

三角形に合わせた座標軸

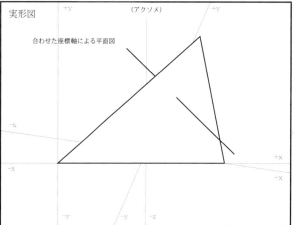

実形図

合わせた座標軸による平面図

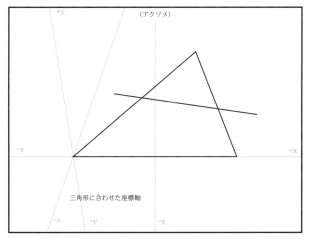

三角形に合わせた座標軸

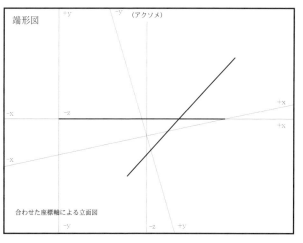

端形図

合わせた座標軸による立面図

三角形（平面）の端形図や実形図は、その三角形に合わせた座標軸を新たに設定し、その座標軸のX—Y平面を上から見たり前や横から見ることで表示できる。

formZでは、新たな座標軸を設定するには、ウィンドウツール郡の「任意の表示平面の定義」を使って行ない、視点メニューの「任意の平面の視点」で、端形図・実形図を得る。

101

ラバットメント（対象図形の移動）は、コンピュータでは座標変換（アフィン変換）として行われる。変換規則を与えれば、計算はコンピュータにまかせれば良い。最初に、図形の基準となる点を原点（0,0,0）に平行移動すると、後の移動は楽になる。正確に座標を移動させるには、スナップを使いわけることも重要だ。

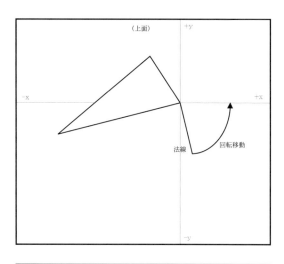

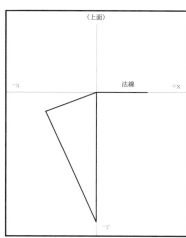

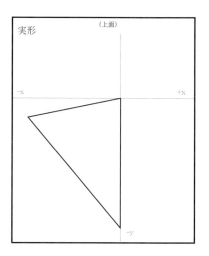

三角形（平面）の端形図や実形図を表示させる移動を行うには、面に垂直な線（法線）を補助線として使用する。法線の端点を原点に平行移動し、平面図・立面図でそれぞれ回転移動を行うと、平面図・立面図で端形図・実形図として表示させることができる。

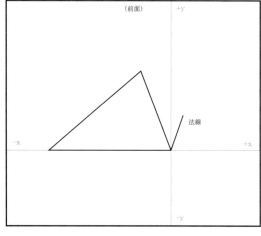

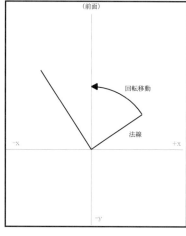

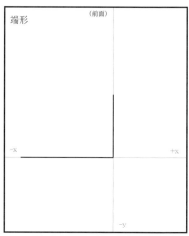

使用するツール

展開図 　　　　　　　　　　（上図）

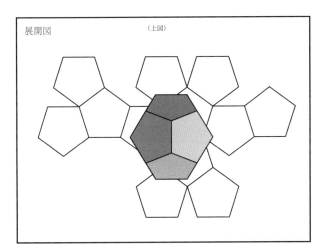

展開図 　　　　　　　　　　（アクソメ）

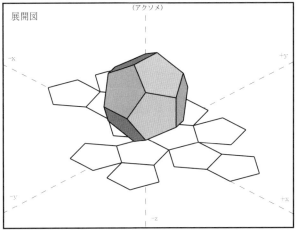

立体の各面をばらばらにして、前節の移動をそれぞれの面に対して行えば、展開図を得ることができるが、多くのモデリングソフトには展開のツールがあるので、そのツールで立体をクリックすれば、コンピュータが自動で作成してくれる。

（前面）

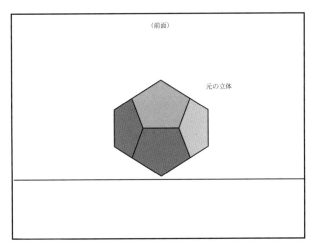

元の立体

（右側面）

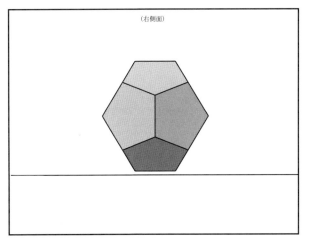

切断も、多くのモデリングソフトのツールで行うことができる。面で切断できなくても、切断したい面を含む立体とで立体の差（引算や削り取るなど）をとればできるだろう。

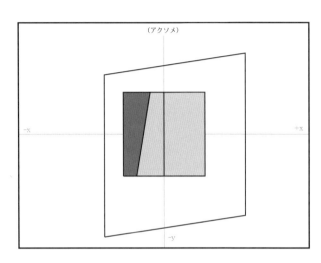
（アクソメ）

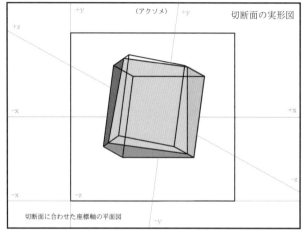
（アクソメ）　　　切断面の実形図

切断面に合わせた座標軸の平面図

断面の実形図は、切断面を新たな座標軸に設定すれば得られる。

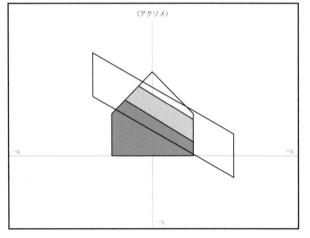
（アクソメ）

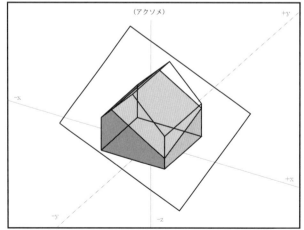
（アクソメ）

使用するツール

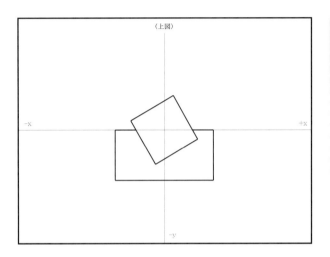

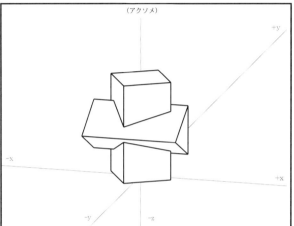

相貫はほとんどのモデリング
ソフトで、レンダリングする
ことで行える。

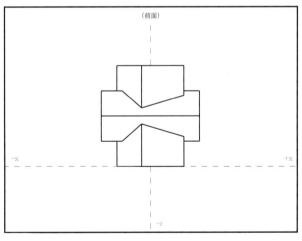

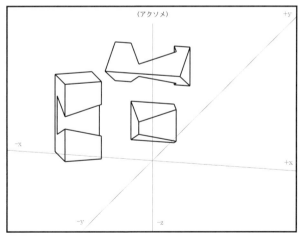

相貫のかたちを得るには、ブ
ーリアン（集合）演算によっ
て行なう。

105

陰影もほとんどのモデリング
ソフトで、影付きのレンダリ
ングすることで行える。

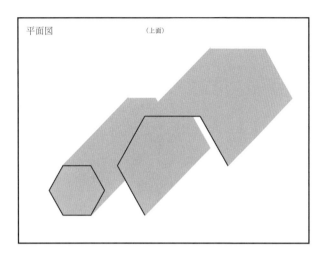

平面図　　　　　　　　（上面）

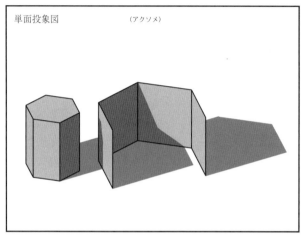

単面投象図　　　　　（アクソメ）

対象物の影は、影を作る光線
の方向から見た図と同じなの
で、対象物を黒くその他を白
くして、光の方向から見た図
を作成して、対象物以外にそ
の図を光線の方向から貼りつ
けることでも得られる。

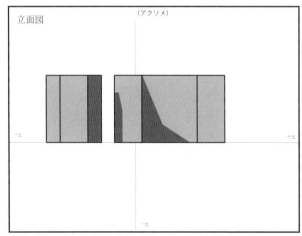

立面図　　　　　　　（アクソメ）

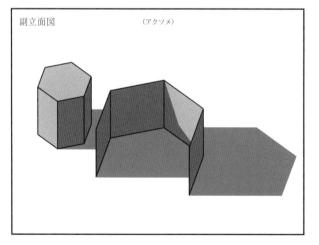

副立面図　　　　　　（アクソメ）

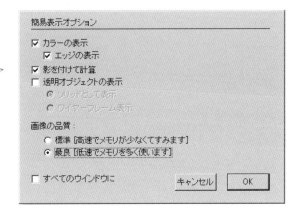

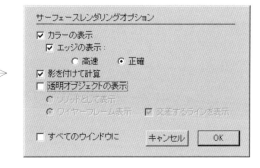

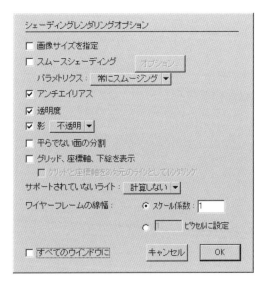

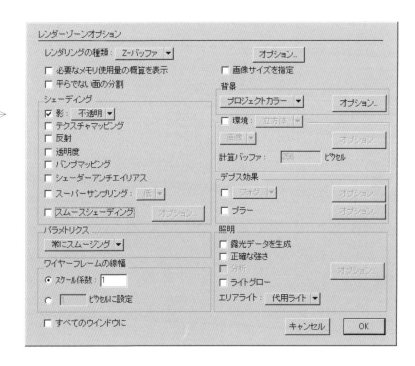

107

これまでの投象は、すべて投象方向に対して投象面が垂直に設定されていたが、これを斜めにすると斜投象図が得られる。

なお、formZの視点の表記は、ここで扱っている語と多少のずれがあるので、注意が必要だ。

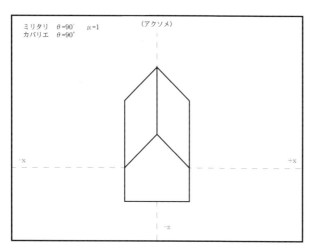

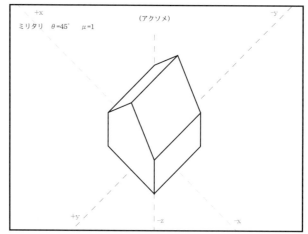

formZのアクソメ表示は、垂直軸測投象である。

formZのアイソメ表示でxとyの角度の合計が90°になるものは、ここで言うミリタリにあたる。また30°、30°は等測図になる。

formZの斜投影は、ここでいうカバリエにあたる。また視点パラメータのスケールがμの値となる。

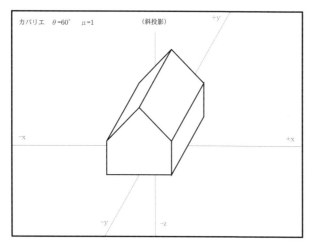

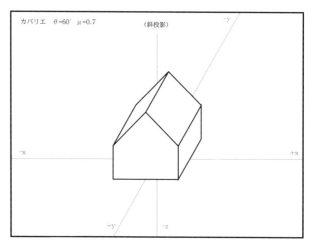

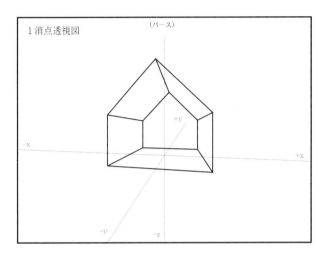

1 消点透視図　（パース）

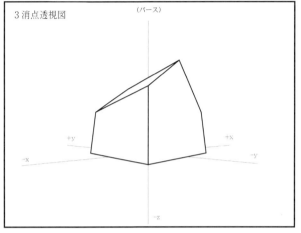

3 消点透視図　（パース）

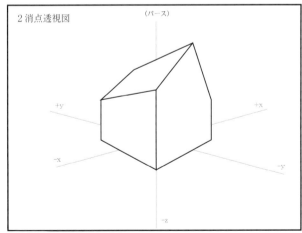

2 消点透視図　（パース）

視方向を水平にした2消点

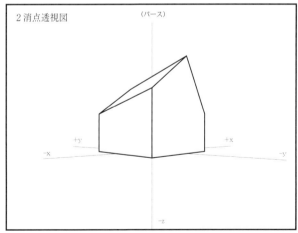

2 消点透視図　（パース）

視方向上向き（上と同じ）で２点透視表示にチェックを付けた２消点

透視投影は、アングル（視点、視方向、画角）によってできあがる図が決まる。

formZでは、視方向は視点と注視点によって、画角は角度または焦点距離によって決める。
また、２点透視のチェックがある。

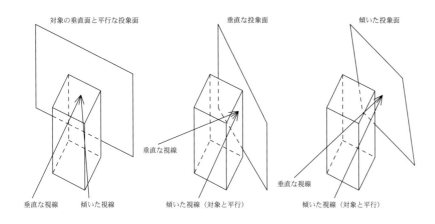

図の上部ラベル：
対象の垂直面と平行な投象面　／　垂直な投象面　／　傾いた投象面

垂直な視線

垂直な視線　傾いた視線　／　傾いた視線（対象と平行）　垂直な視線　／　傾いた視線（対象と平行）

	対象と平行な投象面	垂直な投象面	斜めの投象面
投象面に垂直な視線	平面図・立面図	複立面図	斜複面図（軸測投象）
投象面に傾いた視線	斜投象面		
視点から放射状の視線	1点透視図	2点透視図	3点透視図

投象法

ここで取り上げた図学は、投象という手法を利用している。投象の方法にはいろいろあるが、投象線（視線）と投象面（画面）によって決まる。

まず、投象線を平行にするか（平行投象）、視点を中心に放射状にするか（中心投象）で、得られる図は大きく異なる。平行投象では、3次元上で平行な線は2次元に移しても必ず平行になるが、中心投象では平行線は平行又は放射状になる。

（中心投象は透視図だけで、他のものはすべて平行投象）

次に投象面だが、投象面が投象線と直交する（垂直投象）か斜交する（斜投象）かによる違いがある。垂直投象が一般的で、できあがる図も見慣れたものとなるが、斜投象にも利点がある。それは、立体図形の中の投象面と平行な面は歪まないという性格だ。例えばミリタリでは、投象線と投象面は斜交しているが、投象面が水平なため、水平な図形は歪まず、水平方向の距離は角度に関係なく正しく表現される。

中心投象では投象線が平行ではないので、上記の記述が直接には当てはまらないが、似たところがある。視線は見上げでも投象面を垂直にすると、立体図形の垂直線は2次元の透視図で平行線となる。コンピュータが作成する透視図では3消点が基本だが、上記のような方法で2消点・1消点の透視図が得られる。

縮比

縮比とは、垂直軸測投象でのX・Y・Z座標軸の縮む割合のことをいう。視点30°,0°,60°では、縮比は約0.90、0.66、0.87となり、3軸が同じになる45°,0°,54.84°（90-35.16）ではそれぞれ約0.82となる。

ところで斜軸測投象では、投象面と平行な座標軸（ミリタリはX座標とY座標、カバリエではX又はY座標とZ座標）は歪まないので、縮比は1である。そこで、斜軸測投象では残りの座標軸方向の縮比のみが問題となり、斜投象の比として示し、μで表す。（formZではスケール）

実際の投象を考えると、投象線と投象面が垂直の時に$\mu=0$、平行の時に$\mu=\infty$となるが、他の軸方向が縮比1である性質から、できるだけ図面上に実寸が現れるように、便宜的に$\mu=1$の図が描かれる。寸法を重視するのであれば、$\mu=1$は有効だ。また、見た感じの自然さを重視するなら、$\mu=0.5\sim0.8$くらいの間で調整したほうが良いだろう。

また垂直軸測投象で3軸の縮比が同じになる45°,0°,54.84°の視点の図に対して、縮比約0.82を1に置き換えた図を作ると、斜軸測投象$\mu=1$と同じように3軸方向に対して実寸を表すことができる。このような図のことを等測図という。

図面の呼び方

本来は軸測投象図のことを Axonometric projection 、斜軸測投象のことを Oblique axonometric projection と言う。また、斜軸測投象に対して、軸測投象を垂直軸測投象ともいう。軸測投象図の中で、3軸の縮比がそれぞれ違うものを Trimetric projection 、2軸の縮比が等しいものを Dimetric projection 、3軸の縮比がすべて等しいものを Isometric projection （等しい投象）という。これに対して等測図は Isometric drawing （等しい図）といい、投象的にも寸法（測）的にも等しいことを示している。

formZでは、この実寸（isometric＝等大）をもって「アイソメ表示」という言い方をしているようだ。そのために等測図とミリタリが同じ分類になっていると思われる。

なお本書では、実際に使われている言葉を重視して、図2と同様に垂直軸測投象をアイソメ、斜軸測投象をアクソメとよんでいる。図学的にはおかしいかもしれないが、理解しやすく、より実践的であるほうを選んだ。

formZは、（株）イメージワン（元イメージアンドメジャーメント）社で販売されている。
http://www.imageone.co.jp/
formZのデモ版は、auto・des・sys社のホームページ
http://www.autodessys.com/
からダウンロードできる。

出典リスト（書名／頁／出版社／発行年）　　　　　　　　　資料提供および資料（順不同）

図版

図版

p10－B　ＮＵＭＢＥＲ７６：建築文化１９９９年３月号／p95／彰国社／1999
p12－C　八代市立博物館：ＪＡ　Ｌｉｂｒａｒｙ２／p68／新建築社／1993
p14－A　関西国際空港旅客ターミナルビル：ＪＡ15／p42-43／新建築社／1994
p16－C　下諏訪町立諏訪小博物館：ＪＡ　Ｌｉｂｒａｒｙ２／p34／新建築社／1993
p18－A　奈良１００年会館：新建築１９９９年２月号／p110／新建築社／1999
p20－A　東京ドーム：Ｓ．Ｄ．Ｓ８　大空間／p160／新日本法規出版／1994
p22－A　東京インターナショナル・フォーラム：ＪＡ１９９１年３月号／p73／新建築社／1991
p24－A　幕張メッセ新展示場・北ホール：ＧＡ　ＪＡＰＡＮ３０／p26／A.D.A.EDITA Tokyo／1998
p28－B　クラコフ日本美術技術センター：ＪＡ12／p122／新建築社／1993
p30－B　キンベル美術館：建築文化１９９７年１月号／p169／彰国社／1997
p34－C　奈良１００年会館：ＪＡ７／p32／新建築社／1992
p36－C　コルセローラ・タワー：ａ＋ｕ１９８８年１１月号／p24／新建築社／1988
p36－A　ＳＣＩＳＳＵＮＩＴ：建築文化１９９９年３月号／p166／彰国社／1999
p44－D　シドニーオペラハウス：建築文化１９９７年１月号／p106／彰国社／1997
p46－B　那須野が原ハーモニーホール：ＧＡ　ＪＡＰＡＮ13／p57／A.D.A.EDITA Tokyo／1995
p50－B　マルチメディア工房：ＧＡ　ＪＡＰＡＮ24／p18／A.D.A.EDITA Tokyo／1997
p52－B　ルーブル美術館・ピラミッド：建築文化１９９７年１月号／p77／彰国社／1997
p54－A　巻貝：日本近海産貝類図鑑／p126,342／東海大学出版会／2000
p56－A　ケネディ国際空港ＴＷＡターミナルビル：ＧＡ26／p47／A.D.A.EDITA Tokyo／1973
p58－A　代々木国立屋内総合競技場・第１体育館：世界建築設計図集８丹下健三／p20-21／同朋舎／1984
p60－A　代々木国立屋内総合競技場・第２体育館：世界建築設計図集８丹下健三／p37-38／同朋舎／1984
p62－C　東京カテドラル：現代日本建築家全集１０丹下健三／p20／同朋舎／1970
p64－A　せんだいメディアテーク：ＧＡ　ＪＡＰＡＮ49／p57／A.D.A.EDITA Tokyo／2001

写真

p19　　　なら１００年会館：新建築１９９９年２月号／p95／新建築社／1999
p26－B　通潤橋：くまもとアートポリスガイドブック／p110／くまもとアートポリス'92実行委員会／1992
p29　　　クラコフ日本美術技術センター：ＪＡ20／p44／新建築社／1995
p32－B　巻貝：日本近海産貝類図鑑／p294／東海大学出版会／2000
p33　　　音楽シティー館：建築文化１９９９年１月号／p115／彰国社／1999
p39　　　牧野富太郎記念館：新建築2000年１月号／p86／新建築社／2000
p47　　　那須野が原ハーモニーホール：ＧＡ　ＪＡＰＡＮ13／p45／A.D.A.EDITA Tokyo／1995
p51　　　マルチメディア工房：El croquis99/KAZUYO SEZIMA RYUE NISHIZAWA／p68-69／El croquis／2000
p53　　　ルーブル美術館・ピラミッド：建築文化１９８９年７月号／p88／彰国社／1989
p68－B　雪のまちみらい館：新建築１９９９年４月号／p104／新建築社／1999
p68－C　雪のまちみらい館：新建築１９９９年４月号／p108／新建築社／1999

資料提供および資料（順不同）

図版

磯崎新アトリエ
佐藤尚己
岡部憲明
新建築編集部
建築文化編集部
エーディーエー・エディタ・トーキョー
木原硯美
新日本法規出版
伊東豊雄建築設計事務所
セルスペース
槇総合計画事務所
丹下健三・都市・建築設計研究所
青木淳
同朋舎
河野有悟（p48－A）

写真

細川和昭（p15）
田中宏明（p36－B）
ナカサ・アンド・パートナーズ（p62－B）
大西裕之（p71）
堀口隆志（p14－C）
大橋富夫（p11）
新建築写真部

著者：図研究会

岩下泰三　（第1章、第2章、第3章補担当）

1984　武蔵野美術大学大学院修士課程修了

現在　有限会社スペースラボ代表
　　　武蔵野美術大学および東京理科大学非常勤講師

岩岡竜夫　（第3章担当）

1990　東京工業大学大学院博士課程修了

現在　東京理科大学理工学部教授

本書は，2001年10月に東海大学出版部より発行された同名書籍（最終版：2018年3月第3刷）を弊社において引き継ぎ出版するものです．

デザイン

添田直輝

曽我部昌史　（表紙＋カバー）

図3・建築の図形表現（けんちく　ずけいひょうげん）・Architecture in Geometry

　　　　　　　　　2022年4月30日　第1版第1刷発行

著　　者　図研究会（代表　岩岡竜夫）
発 行 者　原田邦彦
発 行 所　東海教育研究所
　　　　　〒160-0023 東京都新宿区西新宿 7-4-3　升本ビル7階
　　　　　電話 03-3227-3700　ファクス 03-3227-3701
　　　　　eigyo@tokaiedu.co.jp
印 刷 所　港北出版印刷株式会社
製 本 所　誠製本株式会社

制作協力

大野安輝子

藤井康輔

等々力英司